石油之子

谨以此书献给湖州籍全国『双百』人物

王启民

浙江出版联合集团
ZHEJIANG PUBLISHING UNITED GROUP

浙江人民出版社
ZHEJIANG PEOPLE'S PUBLISHING HOUSE

图书在版编目(CIP)数据

石油之子王启民/金一鸣,高锋主编. —杭州:浙江
人民出版社,2011.6
ISBN 978-7-213-04557-8

Ⅰ.①石… Ⅱ.①金…②高… Ⅲ.①王启民—传
记 Ⅳ.①K826.16

中国版本图书馆 CIP 数据核字(2011)第 107595 号

| 书　　名 | 石油之子王启民 |
| --- | --- |
| 作　　者 | 金一鸣　高　锋　主编 |
| 出版发行 | 浙江人民出版社 |
| | 杭州市体育场路 347 号 |
| | 市场部电话:(0571)85061682　85176516 |
| 集团网址 | 浙江出版联合集团 |
| | http://www.zjcb.com |
| 责任编辑 | 洪　晓　陈　春 |
| 责任校对 | 杨　帆 |
| 封面设计 | 顾　页 |
| 电脑制版 | 杭州大漠照排印刷有限公司 |
| 印　　刷 | 杭州广育多莉印刷有限公司 |
| 开　　本 | 710×1000 毫米　　1/16 |
| 印　　张 | 14.5 |
| 字　　数 | 24 万 |
| 插　　页 | 2 |
| 版　　次 | 2011 年 6 月第 1 版·第 1 次印刷 |
| 书　　号 | ISBN 978-7-213-04557-8 |
| 定　　价 | 35.00 元 |

如发现印装质量问题,影响阅读,请与市场部联系调换。

# 前　　言

民康物阜、地杰人灵的湖州，自夏朝以来就有传说和记载。除了稻米、鱼虾、丝绸、茶叶、铜镜、羽扇、漆器、毛物等物产著称于世，湖州更是人才辈出之地。境内举进士第 1530 人，全国之最；状元 16 人，全国第二。沈约、孟郊、凌濛初、俞樾、沈尹默、徐迟、萧也牧、沈西苓等文学大家似群星璀璨，在全国举足轻重。曹不兴、赵孟頫、王蒙、沈铨、吴昌硕、王一亭、诸乐三、费新我等书画名家代出纷呈，有占据"中国半部书画史"之说。"鱼米之乡、丝绸之府、文化之邦"实非浪得虚名。

公元 1000 年后，北方女真人长驱直入，迫使宋王朝南迁，建都今称杭州的临安，把先进的中原文化植入钟灵毓秀的江南福地，使得原本逍遥的湖州，于寄情由水的风雅中又多了几分大气。之后的湖州人，可谓"有盛唐人之致去其纤，有北宋人之雄去其犷"。民性的改良，使湖州从过去文人墨客的传统里，又走出了许多别样拔萃的人物。

宋代以后，文人墨客未绝，济世的政治人物荟萃于太湖南岸。以陈其美为首的湖州革命党人聚集在长江中下游经营革命，于武昌起义岌岌可危时，策动上海起义，进而光复杭州、攻克南京，一举控制了富甲东南的长江三角洲，切断了清王朝赖以生存的漕运，在经济上给清王朝以沉重打击，从根本上动摇了封建王朝的统治基础。民国时期，如果说浙江是国民政府肱骨的最大滋生地，那么湖州就是它的摇篮，从这个摇篮里走出的张静江、褚民谊、戴季陶、陈果夫、陈立夫、朱家骅、胡宗南、徐恩曾等人构成了"国民党半个中央"，成为中国历史上一道奇特的政治景观。

新中国成立后，许多湖州学者投身科学研究，有梁希、赵九章、钱三强、丁舜年等中国科学院院士、中国工程院院士、学部委员 30 余人，海外湖州籍著名科学家不计其数。"两弹一星"等高端科学领域之外，湖州也不乏军功卓著的将士，"海空卫士"王伟就是其中的佼佼者。

沧海桑田，岁月轮替。历代风流人物，响亮的名字中，总有湖州可观的份额。这既是上苍对湖州这一方水土的恒久眷顾，更是世代湖州人发奋求进的结果。

今天，为纪念中国共产党建党 90 周年，中共中央推出并宣传"100 位为新中国成立作出突出贡献的模范人物和 100 位新中国成立以来感动中国人物"中共产党员的先进事迹，其中就有两位湖州籍人士——"虎穴龙潭呈英豪"钱壮飞和"励志革新石油人"王启民，这是湖州和湖州人的荣耀和骄傲！

为了让英雄模范的感人事迹家喻户晓，激励全市人民为全面建设现代化生态型滨湖大城市努力奋斗，由市委宣传部主导，市文联和湖州文学院组织力量安排创作，用文学的形式充分演绎钱壮飞和王启民这两位在不同历史时期为党的事业作出重大贡献的杰出代表。深入挖掘"双百"人物承载的精神内涵，弘扬他们的崇高精神和优秀品质，是一件十分有意义的事情。

相信这两本书的出版发行，能让湖州籍"双百"人物钱壮飞和王启民成为全市人民心中的楷模，同时推动广大党员干部立足岗位，扎实做好本职工作，努力成为实践社会主义核心价值体系的模范，让"富饶、秀美、宜居、乐活"的湖州更美好！

**编　者**

2011 年 6 月

目录
CONTENTS

石油之子

王启民

# 序章：到大庆去采访"黑金博士"

启程了，2小时快客，3小时飞机，2500公里路。

从地处太湖南岸的浙江省湖州市出发，到达杭州萧山机场，我们准备飞往中国最东北部的城市——黑龙江省大庆市。

此时，是2011年3月20日晚上7点半。

候机大厅里，有个小男孩在折纸飞机，折好了，张大小嘴朝机头哈口气，手一甩，划出一道好看的弧线。

太熟悉了，这场景。20多年前，我们也是这么玩的。虽然纸质不同，折法不同，可这"哈气"的动作，却神奇般地穿越了时空。

"哈气是在给飞机加油呢！"小男孩仰起脸，眨巴着大眼睛，一本正经地回答。

加油！从来就是美好的事，在不同的时代背景下，不同的人眼里，它坚定地代表着能源和希望。为什么鼓劲的时候，加的是油，而不是加水加醋，足见它的特殊了！这让我们感到热血沸腾。即将抵达的地方——大庆，就是中国最大的油田，那片为共和国"加油"的土地，52年来开采的石油曾供养了大半个中国，诞生的铁人精神亦成为几代人的心灵"加油站"。

大庆，我们来了！飞机迅速升空后，满天的星斗在眼皮底下铺陈开来，只不过这些漂亮的星星不是来自天上，而是地面的万家灯火和连绵路灯。在缤纷的光芒中，楼房、街道、汽车遍地绽放，好一座人间不夜城。

坐飞机的很大一个好处，便是拥有足够的高度看我们生存的大地，换一个角度可以滋生出许多的想象。比方说，假如造物主没有赐予人类石油，那么城市又会是什么样子？顷刻之间，天上的飞机、地上的汽车、水里游弋的各种船只，都成了废铁；天然气停止了供应，人们的住房四壁没有了颜色，房间内电视机不翼而飞……即便是桌上的一瓶矿泉水、身上的一件衣服、装物的一个塑料袋，也都离不开石油消耗。

毫不夸张地说，石油影响着我们的衣食住行娱，如果没有石油，这个世界很可能将不再剩下多少现代文明。

这个假如，是因为想到了被誉为"共和国长子"的大庆。

是它，把中国"贫油论"的帽子甩到了太平洋，在半个世纪里创造了中国石油乃至整个工业战线的三个第一：原油产量第一，上缴利税第一，原油采收率第一。

这个假如，是因为想到了一个被誉为"石油之子"的湖州人，在躬身大庆油田科技战线的半个世纪里，他只专注过一件事——与千米深处的油层"对话"，又像大禹一样驯服注入地下驱油的水流。直到今天，74 岁的他依然奋战在油田高产稳产的第一线。

他就是当代知识分子的杰出代表王启民。

1997 年 1 月，中共中央总书记江泽民、国务院总理李鹏曾在人民大会堂接见出席中国石油天然气总公司工作会议的代表。当时江泽民握着大庆油田勘探开发研究院院长王启民的手说：

"现在大庆有了第二代'铁人'，好！"

在对会议代表发表讲话时，江泽民再次强调说，王启民是科技人员中的新铁人，是新时期铁人，是中国工人阶级的好榜样。

"宁可把心血熬干，也要让油田稳产再高产。"王启民坚定地表示。

在感动了大庆、感动了国家领导人后，王启民又感动了全中国。

2009 年，他当选为"100 位新中国成立以来感动中国人物"。

是啊，我们有什么理由不感动呢？

远的不提，光是最近利比亚的战乱和日本的核危机，就足以让世人对石油危机感到心慌。尤其是国际原油价格一再冲击高位，让人们不得不怀疑今后还有多少人能享受它所带来的文明？作为继美国之后的第二大原料消费国，中国太需要大量石油，它像"血液"一样，维系着生活运转、经济发展甚至政治稳定和国家安全，也太需要更多石油工人发扬铁人精神为祖国加油！

……

近了近了，大庆，我们路远迢迢的敬仰之地；

近了近了，王启民，我们心心念念的湖州骄傲。

晚上 11 点，飞机缓缓降落。迎接我们的，已不复大庆当年"青天一顶星星亮，荒原一片篝火红"的模样，但寒冷却是一点没打折扣，机上的广播里说：大庆现在的实时气温是零下 12 度。

一出机舱，立即被凛冽的干冷空气包围。3 月，江南水乡的湖州正是明媚的阳春季节，而这里，天寒地冻。

坐在前往市区的车里，公路两边是大片空地，隐约可见的油井，行道树光秃秃的枝干向空中伸展，枯草紧贴地面。就是这片貌似普通的土地，蕴藏着被称作"黑金"的石油，也留下了王启民从青年到白头不倦的岁月足迹。

那是他吗？在冰天雪地严寒无比的恶劣天气里，守着井口，守着孤独，守着黑夜，守着信念和理想；

那是他吗？在地表千米之下满是岩层的夹缝里，探求着跳跃油田生命的数据图表，神思飞扬遨游于白垩纪的地质迷宫中；

那是他吗？在阴冷的帐篷里，穿着透心凉的潮衣，借助着微弱的灯光，像一台不会枯竭的发动机般一直工作到黎明；

那是他吗？作为一个油田公司的总经理助理、副总地质师、大庆油田勘探开发研究院院长，如今虽已年过七旬，却仍在指导教授一批又一批初出茅庐的研究生与博士生，呕心沥血地培养着祖国科研事业的接班人……

太冷了，被风吹乱的思绪，困扰着我们对王启民作更多的联想。

石油被称为"黑色黄金"，那么王启民大概可称作"黑金博士"。

作为教授级高级工程师的王启民，尽管从未获得过博士这一最高级学位，但在石油勘探研究领域里却被一致公认为"博学之士"。加上他身为大庆油田勘探开发研究院院长，带领并指导一大批研究生、博士生进行油田勘探开发研究工作，其理论水平和实践经验早已达到或超过一个博士的水准。

这位"黑金博士"为中国的石油工业发展注入了能量与活力！

在这样一个深夜，王启民自然不会想到，已有远方故人来。

# 第一章

大庆油田,这片回荡着中国工人阶级英雄浩气的土地,曾孕育了新老两代"铁人"。

为了它,当年的"铁人"王进喜发出了"宁可少活20年,也要拿下大油田"的时代强音;为了它,如今已74岁的"新时期铁人"王启民仍呕心沥血,努力使油田持续高产稳产。

正如马克思所说:"让历史复活是为了今天。"

一路上,看着像花园一样的大庆城,看着到处遍布的被当地人俗称为"磕头机"的游梁式抽油机,看着熟悉的"三老四严"、"四个一样"标语高高悬挂,想着纪念馆前用炯炯灼人的目光每分每秒关注着油田发展的王进喜塑像,想着一直关机潜心深入地质世界的王启民,就觉着脚下这片土地到处都留有他们的影子,流淌着他们的精神。

今天,这些伟大的故事依然延续,依然激扬,依然铿锵有力。

东西南北都是他

# 吃了"闭门羹"

前段时间刚看过再现大庆会战的电视连续剧《奠基者》，画面里大庆人住的是"干打垒"，戴的是狗皮帽，穿的是杠杠服，到处是"油黑子"。

时过境迁，天苍苍野茫茫的荒原已经华丽转身，成为现代化的美丽油城。进入大庆市区，拔地而起的高楼、坦荡如砥的街道、时尚动感的广场，无不在诉说着脚下的大地早已不复当年的荒芜。

这个在1979年才正式建市的年轻城市，正以文明都市的形象巍然屹立。

但是，往事并不如烟，先驱风范犹存。

我们打量这座城市，惊奇地发现这儿令人瞩目的景观大多是英雄群像、工人雕塑、直向云天的立体写意油管，还有很多以第一代"铁人"王进喜命名的地标和单位，比如"铁人路"、"铁人桥"、"铁人井"、"铁人公园"、"铁人广场"、"铁人小区"等，而且"铁人精神、永放光芒"、"三老四严"、"四个一样"等充满时代记忆的宣传标语更是随处可见。

在去往大庆油田勘探开发研究院的路上，路过大庆油田运输"硬骨头"十三车队的"根据地"，那是苦干实干精神不输于开采大庆油田的"铁人"们的强队啊！

强烈的英雄印记，时刻在告诉着人们：

变化的只是物质，铁人精神始终是大庆油田岁月年轮里最深的纹路。

大庆油田有限责任公司办公所在是一座高耸的大楼，两旁是树枝光秃秃的白桦林，别有一番伟岸姿态。风刮过地面，枯草沙沙作响，让人看了都不禁将身体紧缩，以抵抗严寒侵袭。可一进入办公大楼，却是一派生机盎然之景，暖气似乎将时间调整至最适宜的季节，阳光投射进来，干燥而烘热，将原本怠忢甚至被北风吹至麻木的情绪融化殆尽。

油田党委宣传部的李洪福主任是第一位接待我们的人。他介绍说王启民是油田公司的总经理助理、副总地质师，作为享誉全国的石油开发地质专家，虽然如今已年届74岁高龄，仍坚守在油田科研攻关的岗位上，平常既没有居高临下的领导架子，也少见有空下来的时候。不过，王老身体很好，人又健谈，还喜欢打乒乓球，是个随和、平易近人又富有激情的人。

这一番话令我们终于放下心中的大石头。一位健康而健谈的老人，必定是精力充沛、有活力的，虽然早已过了退休年纪，却依然奋战在科研工作的第一线，这是需要体力、智力与毅力的。

在等待与王启民见面期间，我们随意地环顾了一下李洪福的办公室，干净、明亮，办公桌右侧靠窗的位置摆着一张很小的木板床。

"您晚上要睡这里吗？"我们忍不住发问。在南方的很多企业里，都是清一色用薄板隔出许多小间的大办公室，鲜有见到在办公室内还搭床铺的。

"这没什么呀，有时候工作太晚，就在这儿眯一会儿。我们这儿都这样，是公司传统。"李洪福非常不以为意，显然早已习惯这样的工作方式。

"那王老的办公室里肯定也有这样的床吧？"

"当然了，王老的办公室内有睡房的。他以前与科研人员一起搞研究，一般不到凌晨两点是不会躺下睡觉的。"

李洪福一提王老便两眼放光，毫不掩饰崇敬之情。看得出来，他心中的"王老"是个英雄般的人物。

看来晚年的王启民还保持着旺盛的工作精力，他不仅是大庆石油产业的一位"形象代言人"，而且与公司所有员工同舟共济，还在劳心劳力。这令我们先前对他发挥的"余热"到底有多少的猜疑也不由自主地开始减弱。这个企业展示的面貌与精神无一不在表白：我们继承着两代"铁人"的精神，必须务实、勤奋。

遗憾的是，李洪福多次联系王启民，对方的手机却一直处于关机状态。于是他赶紧去王老办公的那层楼找，不一会儿便回来了，语气里满是歉意：

"不好意思啊，王老现在还在会场讨论业务。要不你们下午过来？"

一位被形容为"相当健谈"的老人，开会必然会花费很长的时间，因为要表达的东西会特别多。我们带着这样的推测，暂时离开了办公大楼。

一路上，每隔几十米就能看到注水井与油井，商场门前、小区内、空旷的平地上时时提醒人们：脚下踩着的每一方土都有着可供挖掘的"宝藏"，是名副其实的"寸土寸金"。几个工作人员正在注水井边查看仪表，抄录数据，干冷的空气并未抹去他们脸上的笑意。

记得来大庆之前,与周边朋友提及大庆油田的开采情况,他们纷纷表示对中国石油资源的前景表示担忧,因为石油是不可再生资源,只会越采越少。大庆油田开采了半个多世纪,资源也差不多要被抽干了,如今再来到这片"江河日下"的土地上拜访一位"昔日英雄",或许有些多余。

然而,此刻看到这些工作人员眼中闪烁的沉着与希望,我们很快摒弃了先前那些狭隘的偏见,决意一心投入这个著名的"石油世界"中,一面重温这里的光辉岁月,一面感知新的气象与美好的前景。

## 见或不见 他就在那里

早上出门的时候,我们跟出租车司机学了一句东北的俗语——"哑巴冷",意思是天不刮风天不下雪天上有太阳,却出人意料地冷。用司机的话来说就是:"东北这嘎达,打春别欢喜,还有四十个冷天气。"

此刻,我们就在领教"哑巴冷":头顶明晃晃的太阳,好像是画上去的,而寒冷倒是真真切切已经侵袭到骨头里了。在大庆,室内几乎都有暖气,可是只要脚一跨出屋,立马像进了一个硕大的"冰箱",连带嘴唇也变得干燥起来。

王启民当年也是在眼下这般的初春时节第一次来到大庆的。

那是 1960 年 4 月初的一天,列车越过山海关,掠过东北平原,将北京石油学院的实习生们送到了刚刚打响石油大会战的大庆。

作为一名地处江南水乡的湖州学子,王启民的家与大庆相距甚远,家里还有辛苦劳作的妈妈和病残的妹妹。是什么力量让他抛弃鱼米之乡的诱惑,顾不上贫困家境的需要,舍弃了和恋人陈宝玲留在环境优越的北京的机会,执意来到偏远的高寒地区?

是因为这儿有热火朝天的大会战?

是因为这儿有汩汩流动的宝贵石油?

对王启民当初的选择,我们无从找出正解。因为,拨打了几次电话,他的手机仍然处于关机状态。

也许是看出了我们脸上的沮丧,陪同在侧的油田党委宣传部高慧泽科长安慰道:"别急,一两次采访不到王老是很正常的事,他每天的工作都安排得满满当当。你们运气好,还没遇上他下现场勘探的日子。有个《黑龙江日报》的记者采访他,足足等了两天,才有了晚上 7 点半到 9 点总共才一个半小时的采访时间,然后他就又开始了他的工作。"

闻听此言,我们释怀了。没别的办法,那就只好等,只是现在离晚上还早呢。

高慧泽建议:"你们不是要见'铁人'吗?那就去铁人纪念馆,这可是全国第一座工人纪念馆,不仅展示了第一代'铁人'王进喜的光辉一生和大庆石油史,就连'新时期铁人'王启民都有介绍。"

原来纪念馆里也可以见到"王启民"。

好吧,我们暂时见不到他真人,不妨先去纪念馆里"会会"他。

转了一圈,蓦然发现——见或不见,他就在那里。

# 穿越石油史

石油,工业的血液,国民经济的命脉。

大庆,共和国的加油机。

在中国,说到石油肯定绕不开大庆,到了大庆肯定会想到两个人:第一代"铁人"王进喜和"新时期铁人"王启民。

1970年,当"铁人"王进喜因病与世长辞之时,王启民牵头创立的石油开采新模式,使大庆油田提前5年实现年产原油5000万吨的目标。

两代"铁人"竟是如此神奇般地完成了交接。

而眼前这座铁人纪念馆就是为生动形象地诠释大庆精神、铁人精神而建的。纪念馆鸟瞰呈"工"字形,侧看为"人"字形,整体外形为"工人"两字的组合。

在巍然矗立的大型花岗岩雕像"铁人"王进喜的注视下,我们拾级而上,步入序厅,眼睛和心灵同时被眼前一座巨大的铸铜雕像"石油魂"震慑住了:

铁一般的颜色,衬托出石油工人钢一般的意志,那宽阔有力的臂膀,那炯炯灼人的目光,昭示着一个个青春鲜活的生命。

这哪里是在与雕像对视?分明是"铁人"和他的战友正从石油大会战的硝烟中迎面走来,把我们一下子拉进了机器轰鸣、人欢马叫、热火朝天的创业年代。

时光回流到20世纪五六十年代,年轻的共和国百废待兴,到处都要油。

中国是世界上最早发现和利用石油及天然气的国家,但新中国成立初期,石油工业的原始"家底"薄得可怜。1949年新中国成立时,原油年产量只有12万吨,全国只有玉门老君庙等3个小油田以及四川圣灯山、石油沟2个小气田。

与脆弱的石油工业相伴的，是西方强加给中国的"贫油论"。

1958 年初，新中国诞生后的第一个五年计划中，唯有石油部没有完成计划。汽车背气包、"坦克大炮不如打狗棍"的严峻现实，深深刺痛了全体中国人的心。有的石油劳模说：走过天安门，头都抬不起来，见人都矮三分！

奠基之初的新中国石油告急，西方国家妄图用石油窒息红色中国，独臂将军余秋里临危受命出任石油部部长。

石油也牵挂着最高领导人的心。毛泽东、刘少奇专门听取石油部的工作汇报；邓小平提出：石油勘探要选择突击方向，要把石油勘探的重点放到东部地区。

余秋里上任后，按照党中央、国务院"石油勘探重点由西部向东部大转移"的战略决策，积极在东部寻找油田。以李四光为代表的石油地质工作者，以全新的理论引领千军万马，进军松辽。

1959 年 9 月 26 日，松嫩平原传来喜讯，发现了世界级的特大砂岩油田，在一个名叫大同的小镇附近，"松基三井"喷出原油。

当时正值国庆 10 周年，黑龙江省省委书记欧阳钦视察松基三井时说：

"这是历史性的事件，值得纪念……我建议，把我们未来的油田叫成大庆，因为它是在我们新中国成立 10 周年的大喜日子里发现的。"

"大庆"——一个多么响亮、多么喜庆的名字！它喊出了所有中国人对石油的渴望。

1959 年，全国石油消耗量是 504.9 万吨，其中自产的仅 205 万吨，自给率只有 40.6%，国家不得不耗用大量外汇进口原油和成品油。当年，国家用于进口原油和成品油的外汇为 1.83 亿美元，占全国进口用汇总额的 6.7%。即便如此，油品的供应情况仍然十分紧张。民用油中数量最大的煤油和柴油，商业部门 1959 年底库存量比 1958 年分别下降 15% 和 24%。1960 年的形势更为严峻，国家对石油及其产品的需求量超过 1000 万吨，而国内最大的生产能力是 500 万吨，缺口高达 500 万吨。

忽然间，一个世界级的大油田摆在面前，怎么把它拿下来呢？

也就是发现大庆油田的这一年，中苏关系破裂，苏联专家撤离，撕毁合同，被西方长期封锁的中国石油业雪上加霜。

既无经验，又无外援，难道真如某些外国专家所言：离开他们，中国人不可能开发好这样一个大油田吗？

从 1960 年 2 月 1 日起，石油工业部连续 8 天召开党组会议。余秋里在会上说："我们搞石油勘探，要勇于解放思想，敢于在情况基本搞清的势态下作出判断。有充分根据而不敢作决断,就会贻误时机,就会一辈子落后。现在国家迫切需要石油,松辽资源又比较可靠,地质情况也搞得比较清楚,改变石油工业落后面貌就在此一举。我们必须下定决心,背水一战,全力以赴,尽快拿下这个大油田。"

这次会议最后决定组织松辽石油会战。

石油工业部征得中共中央批准后,调集国内石油战线的精兵强将,于1960年3月,数万人马从全国各地挺进萨尔图草原,在一个蒙古语意思为"月亮升起的沼泽地"的地方,在没有房屋、没有炉灶、没有公路、没有机械设备的环境下,拉开了轰轰烈烈的松辽石油大会战序幕。

"风雨送春归,飞雪迎春到。已是悬崖百丈冰,犹有花枝俏。俏也不争春,只把春来报。待到山花烂漫时,她在丛中笑。"

伟大领袖毛泽东写下这首词,正是托梅寄志,表明中国共产党人面对严峻考验决不妥协,敢于迎难而上,直至取得最后胜利的决心。他以政治家的敏锐、军事家的天赋、诗人的想象力如此评价:"过去有个斯大林格勒大会战,现在石油部也有一个大会战。"

人人劲头十足,个个摩拳擦掌。会战队伍中有军人、石油战线的工人、刚刚毕业的学生等,虽然身份不同,口音天南地北,但他们对祖国的爱和责任却并无二致。

率1205钻井队从玉门出发赴萨尔图参加大庆石油会战的王进喜,当时刚刚被评上全国劳动模范。一年前,身为队长的他带领钻井队创造了当时月钻井进尺的全国最高纪录,他带领的钻井队荣获"钢铁钻井队"称号。

一下火车,王进喜一不问吃二不问住,而是问负责接待的王延锦大队长:

"我们的钻机到了没有?井位在哪里?这里的最高纪录是多少?"

由于设备和钻机未到,他就率领井队在火车站义务卸车。搭井架时,没有起重机,他组织全队用"人拉肩扛"的方法把重达五六十吨的钻机从萨尔图火车站拉到井场,用"盆端桶提"的办法运水保开钻。从安装钻机到第一口井完钻,他一连七天七夜没有离开会战现场。

在第二口井钻到700米深处时,突然出现井喷的先兆,王进喜顾不上被钻杆砸到的脚伤,扔掉双拐,第一个跳进了泥浆池里用身体搅拌水泥。在他的带动下,工友们也纷纷跳入。3个多小时后,终于制伏了井喷,保住了油井和钻机,王进喜全身却被活碱烧起了数十个大泡。

王进喜这种吃苦耐劳的精神感动了当地群众。会战初期,井队驻地一

石油之子

王启民

位姓赵的老大娘动情地说:"王队长可真是个'铁人'啊!"

当时余秋里听到"铁人"这个称号,连声说好。从此,"铁人"王进喜就这么传开了,后来在全中国家喻户晓。

"石油工人一声吼,地球也要抖三抖!"

"宁可少活20年,拼命也要拿下大油田!"

"有条件要上,没有条件创造条件也要上!"

一个"铁人"前面走,千万个"铁人"跟上来。在那个物质匮乏而精神异常兴奋的年代,以王进喜为代表的老一辈石油人并没有被困难所吓倒,而是以前赴后继的姿态勇往直前。

一篇纪念"铁人"诞辰80周年的文章里回忆道:许多职工为了早日拿下大油田,奋不顾身,英勇拼搏。有人登上强烈井喷中正要倒塌的井架,用生命抢救油井和设备;油建工人整天泡在齐膝深的泥水里施工,宁肯让腿泡成豆腐渣,也要当铁疙瘩;有的专家犯了关节炎,坐着不行就站着干,站着不行就跪着干;有的整天挪动那几十公斤重的岩心,手指被磨得鲜血淋漓……

如今有许多岩心上还留有当年留下的血痕……

时隔30多年,问他们什么是当年这样苦干的动力和源泉,他们回答:是铁人精神!

"没有'铁人'带头,会战打不了那么快!"无数老领导、老同志都这么说。

任凭无路无粮、缺衣少房、恶劣天气等重重阻碍接踵而至,也阻碍不了春天的到来。1960年6月1日,大庆首列原油外运。一声汽笛奏响了中国石油自给的进行曲。从此,大庆油田开始为共和国源源不断地输送着石油。

1961年11月,1202队用了9个半月的时间,赶超了苏联的格列尼亚功勋队,夺得了当年打井的世界冠军。

1963年,大庆油田生产规模达500万吨。12月2日,周恩来在二届全国人大四次会议上宣布:"我国需要的石油,现在可以基本自给了。"

中国人民使用了100多年的"洋油"时代,一去不复返了。

与此同时,会战队伍从学"铁人"到学"五面红旗",后来又发展到学习"百面红旗"。大庆工委还号召全油田大搞规范化,全油田各勘探队、钻井队、采油队积极响应。"三老四严"(即对待事业,要当老实人、说老实话、办老实事;对待工作,要有严格的要求、严密的组织、严肃的态度、严明的纪律)和"四个一样"(即黑天和白天干工作一个样,坏天气和好天气干工作一个样,领导不在场和领导在场干工作一个样,没有人检查和有人检查干工作一个样)就是在这个过程中诞生的。

经过 3 年多艰苦奋斗,大庆石油会战取得了重大成就。从 1960 年会战打响,到 1963 年大庆探明了一个含油面积达 800 多平方公里、地质储量达 22.6 亿吨的大油田,这可是当时世界上为数不多的几个大油田之一。

到 1963 年底,已开发建设了 146 平方公里的油田,年产原油生产能力达 600 多万吨,当年生产原油 450 万吨,对实现我国石油的基本自给发挥了决定性的作用。

在大庆会战的 3 年半当中,共花费国家投资 7.1 亿多元,为国家生产了代替油 1155 万吨,相当于同一时期全国原油总产量的 58%;上缴给国家的利润和折旧费 11.6 亿元,投资回报率为 149%。全员劳动生产率逐年提高,1960 年为人均 4886 元,1961 年增长到 10823 元,1962 年增长到 12530 元,到 1963 年又提高到 16265 元。

随着大庆石油会战的进展和大庆油田的开发,我国原油产量和储量逐年增加。1962 年与 1957 年相比,原油产量增长 3 倍多,天然气产量增长 13 倍多;石油储量增长近 20 倍;天然气储量增长约 60 倍;原油加工量增长 2 倍多,主要油品产量和产品品种增长约 2 倍;基本建设投资省、速度快、质量好、效果大;成本大大降低,财务总上缴大幅度增长。这些成就标志着我国石油工业进入一个新的发展阶段。

大庆石油会战取得的成绩及其成功经验,得到了国家领导人的高度评价。

1963 年 12 月,毛泽东、周恩来在北京亲切接见了"铁人"王进喜。

1964 年 2 月 13 日,毛泽东在北京人民大会堂举行的春节座谈会上发出号召:"要鼓起劲来,所以要学习解放军、学大庆。"

在当年召开的第三届全国人大一次会议上,周恩来在《政府工作报告》中发出"工业学大庆、农业学大寨、全国学解放军"的伟大号召。

好一句"工业学大庆"!全国广大职工的劳动热情从此被极大地激发,促进了各行各业"比、学、赶、帮、超"运动的开展。

"除了大庆,没有哪一个企业的诞生和发展能与中华民族的精神和命运联系得如此紧密;没有哪一个企业和城市走过短暂的历程,就在中华民族历史上铭刻下一个辉煌的亮点。"余秋里曾如此评价大庆。

诚如他所言,时至今日,大庆油田的地位在中国依旧稳居第一。回首她的成长历程,党中央、国务院历来都给予高度重视——

1964 年,毛泽东发出"工业学大庆"的号召;

1978 年,邓小平作出"把大庆油田建设成美丽的大油田"的重要指示;

1995 年,江泽民提出"发扬大庆精神,搞好二次创业";

1996 年,胡锦涛题写"珍惜大庆光荣史,再创大庆新辉煌";

胡锦涛总书记曾先后 3 次来到大庆油田视察工作,提出要"珍惜大庆光荣史,再创大庆新辉煌"、"高举大庆红旗,继续艰苦创业"。

殷殷嘱托,为大庆油田的发展再添动力。

"大庆精神、铁人精神已经成为中华民族伟大精神的重要组成部分,永远是激励中国人民不畏艰难、勇往直前的宝贵精神财富。"在 2009 年大庆油田开发建设 50 周年庆祝大会上,中共中央政治局常委、中央书记处书记、国家副主席习近平的这句话,对大庆精神、铁人精神的历史和现实意义给予了高度评价。

而大庆油田也没有辜负党和人民的期望,50 年来,经过一代又一代大庆人的艰苦奋斗,创造了举世瞩目的巨大成就,走出了一条党领导建设社会主义工业企业的成功之路:

——建成了我国最大的石油生产基地。累计生产原油超过 20 亿吨,上缴利税 1.3 万亿元。

——擎起了我国工业战线的一面旗帜。从 1964 年毛泽东主席发出"工业学大庆"的号召,半个世纪以来,大庆的经验、大庆的贡献、大庆的水平,始终走在我国工业企业的前列。

——创造了世界领先的油田开发水平。主力油田采收率超过了 50%,实现年产原油 5000 万吨以上,连续 27 年高产稳产。

——促进了区域经济社会的繁荣发展。大庆油田的开发建设,充分发挥了国有大企业的辐射拉动作用,有力地带动了地方经济的发展,在亘古荒原上催生了现代化的新兴油城。

——打造了一支过硬的铁人式职工队伍。油田开发建设 50 年来,不仅生产了大量的石油产品,而且锤炼了敢打硬仗、永创一流的英雄队伍,涌现出"铁人"王进喜、"新时期铁人"王启民等一大批英雄模范人物。

——孕育形成了大庆精神、铁人精神。"爱国、创业、求实、奉献"的大庆精神,同井冈山精神、延安精神等一道成为中华民族精神的重要组成部分。

# 两代"铁人"的接力跑

"一个火球在地面爆炸，天下掉下来许多陨石，摧毁了恐龙和海洋生物，随后地动山摇，它们的尸体被埋于地下，随着地壳运动和陆地的板块运动，石油慢慢形成……石油工作者勘探找油的过程非常惊险，刚躲过像战斗机似的成群轰鸣而来的大黄蜂，突然间一条硕大的蛇又张开血盆大口扑过来，你正要尖叫，蛇已掉头扎进沙里，随之腿下传来一阵异动，天哪，响尾蛇正从此间蜿蜒而过，身上不禁一阵寒战……"

这是 2010 年上海世博会中国石油馆放映的 4D 电影《石油梦想》中描述的场景。

当时顶着烈日排了 4 小时的长队去凑这份热闹，观影出来后感觉很值得。这其中印象最深的莫过于石油勘探、开发的艰辛和各场景中标示的数字：人的一生穿衣平均会消耗 290 千克的石油，吃掉 551 千克的石油，居住环境平均消耗 3790 千克石油，出行要消耗 3838 千克的石油……

石油馆为人们全面认知石油世界创造了一个前所未有的平台，深刻揭示了石油延伸城市梦想这个主题。

而今，身处铁人纪念馆，看着一幅幅传神的照片、一件件珍贵的实物、一段段往日的音像，石油先驱们带给我们的震撼远胜于石油馆用高科技打造出来的特效。

大面积的黑白影像，仿佛重现了在新中国经济巨轮因为缺少石油几近搁浅的危急关头，王进喜们用铮铮铁骨，拼着血肉之躯，用沾满油污的大手，捧出石油史上一座丰碑的场景。

驻足于名为"更高标杆立祁连"的沙盘前，仿佛又听到了竞赛的工人一阵阵此起彼伏高亢的劳动号子。

从三年自然灾害时的"五两保三餐",到发展生产战胜饥荒;

从住地窖子、牛棚等寒不遮风冷不挡雨的地方,到建起遍地的"干打垒";

从石油职工学"铁人",学"五面红旗"、"百面红旗",到职工家属薛桂芳、吕玉莲、王秀敏、杨晓春、丛桂荣"五把铁锹闹革命";

从鄂长松等人在两栋破牛棚里办起第一个缝补组,到后来发展为赫赫有名的大庆缝补厂……

他们与千锤百炼中锻造的大庆精神、铁人精神和大庆油田工农结合、城乡结合的建设经验,一起成为全中国人在经济发展上跨越奋进的"动力火车"。

英勇壮烈,高大巍然,可亲可敬……

用再多的词汇来赞美这些石油工业的奠基者似乎都显得吝啬。

遗憾的是,王进喜太累了,小病小痛他从来都不在意,可到了实在撑不下去时,他已经不行了,诊断的结果是胃癌晚期。

他的生命终止于 47 岁那年,组织上给他的补助费被一分未动地退还。他在临终遗言里写道:"这是组织给我的钱,请交还给组织,我不困难。"

有的人死了,但他还活着。

"铁人"倒下了,但他似乎并没有走。

20 世纪 70 年代有"钢铁钻工"吴全清为代表的 21 个模范标兵;

80 年代有申冠为代表的十大典型;

90 年代初有马军为代表的"十佳百优"职工……

他们前赴后继,在不同的历史时期化身"铁人",为大庆油田的开发建设鞠躬尽瘁,用青春和血汗铸就了"爱国、创业、求实、奉献"的大庆精神。

现在,油田进入了二次创业新的历史时期,以王启民为代表的"新时期铁人"接过老一代"铁人"的旗帜,继续为中国加油。他们的形象如浮雕一般清晰地出现在油田用 20 亿吨原油铸就的丰碑上。

历史有着惊人的相似。

1959 年,在人民大会堂,毛泽东主席和周恩来总理亲切接见了中国工人阶级的先锋战士——"铁人"王进喜。

1997 年 1 月 17 日,同样是在人民大会堂,江泽民总书记和李鹏总理亲切接见了中国石油科技人员的杰出代表——大庆"新时期铁人"王启民。

用大庆石油管理局原局长丁贵明的话来说,这不是历史的重复与巧合,它体现了老一辈无产阶级革命家到新一代中央领导集体对大庆的亲切关怀和殷切希望。

在纪念馆的展厅里，我们看到了王启民为大庆油田高产稳产立下的累累科技战功。

他有一张照片，是和王进喜的照片并排挨着的，那是 2009 年，他们同时当选为"100 位新中国成立以来感动中国人物"。

照片上的王进喜头戴前进帽，身着工作服，手握刹把，英气逼人，浑身上下透着头顶青天、脚踏荒原、战天斗地、死而后已的坚定。

照片上的王启民面容清瘦，神色从容，如炬的目光传递出跨过洋人头、敢为天下先、克服重重困难、不断攀登科技高峰的决心。

此刻，王进喜、王启民两代"铁人"以黑白和彩色照片的形式，在铁人纪念馆里并排靠在一起，给人的感觉却是那么的和谐，那么的一脉相承。

他们，一个有着"宁可少活 20 年，拼命也要拿下大油田"的英雄气概，一个有着"宁可把心血熬干，也要让油田稳产再高产"的赤子情怀；

一个用艰苦奋斗的意志，与天斗、与地斗，与外国势力强加给中国的困难斗；一个把满腔热情、整个身心都奉献给了大庆地下的石油储存，为油田长期实现长期稳产作出了巨大贡献。

他们心中装着的都是油，都在为油拼搏，都把自己的命运与油田的发展紧紧拴在了一起。

"老铁人"的战友——当年大庆会战"五面红旗"中的马德仁和薛国邦，如今都已经是 80 多岁高龄了，曾经在接受当地媒体的采访时谈起新"老铁人"，他们道出了自己的理解。

马德仁说："过去国家极缺石油，需要我们早日拿下大油田，这就得发扬革命加拼命的精神，王进喜就是那个时代的代表。现在油田地质条件复杂了，从地下拿油不容易，还需要稳产，这就要科技了。'新时期铁人'王启民就是新时代大庆石油人的代表。从这个角度看，两个'铁人'是两个概念。但是，当年会战时也要发扬科学，现在也得发扬革命加拼命的精神，'爱国、创业、求实、奉献'的大庆精神什么时候都不能丢，这两代'铁人'身上都体现出了这些精神。从这个角度看，两代'铁人'在精神上是相同的，他们都是大庆、铁人精神的代表。"

薛国邦谈起新"老铁人"也是满怀深情："大庆油田这么大一个世界级的油田，它的开发建设是极其不容易的。当年会战，地上困难多，头上青山一顶，脚下荒原一片，地下困难也不少，但当时油井是自喷开采，可以说是打口井就产油，而且还高产。那时候石油工业部机关党委树立的王、马、段、薛、朱'五面红旗',都不是知识分子,其中三面红旗来自钻井一线,因为那时钻井是龙头。

"如今,油田开发进入高含水期,地下情况越来越复杂,开发难度越来越大,但油田高产还稳得住,科技人员功不可没。没有科技人员的工作,便没有大庆油田在世界同类油田中领先的开发水平。'新时期铁人'王启民恰恰是一名劳苦功高的科技工作者。王启民的出现体现了油田稳产的关键在于科技的道理。但王启民又不单单是一名科技工作者,他是大庆精神和铁人精神在新时期发扬光大的代表。可以说,新老'铁人'是大庆油田在不同历史时期开发建设的一个缩影,虽然他们各有各的业绩,各有各的时代性,但他们体现的精神实质是完全一样的。"

流连于铁人纪念馆,我们看到许多与"铁人"同期的"老会战"的名字被加上了黑框,但同时又有许多新的名字被载入史册。

随着时代发展,铁人精神被逐渐注入了新的内涵,那就是王启民式的既勇于献身又善于智取的新铁人精神。

诚如有人所说的那样:王启民之所以被称为"新时期铁人",是因为他既是艰苦创业、顽强拼搏的闯将,又是努力掌握现代科技知识、攀登科技高峰的先锋。

从"王铁人"到"新时期铁人",反映了时代的前进和社会的进步,这无疑具有深刻的启示意义。

参观中,讲解人员告诉我们,现在这个纪念馆是 2006 年 9 月 26 日大庆油田 47 周年纪念日正式开馆的,馆名是温家宝总理题写的。

知情人员描述了当时的情景:

那是 2006 年 8 月 10 日下午,温总理来参观铁人纪念馆,在序厅亲切地接见了众劳模。其中,有"五面红旗"之一、1202 钻井队老队长马德仁,"最讲认真的人"周占鳌,"新时期铁人"王启民……

1202 钻井队的队长之一胡延平曾称赞道:"王启民代表了一个新时代,一个科技的时代。"

总理和王启民握手时,真挚地说:"你是专家,以后还要努力工作啊。"

在"铁人"半身塑像前,温总理与劳模们一一握手后说:今天来到铁人纪念馆,心情非常激动。大庆为国家作出了巨大贡献。大庆不仅有一支好的队伍,而且形成了一种好的精神,这就是大庆精神、铁人精神、艰苦创业精神。他还说,大家知道,我们当前石油面临的形势是:现在我们年产 1.7 亿吨,大庆占的比重是 40%;我们的工业规模大,油的消耗量大,就是这样每年还得进口1.3亿吨。我们现在采取利用国内、国外两种资源，但是我们必须把基点放在国内，这样心里才踏实。如果在未来10年、20年，我们的年产量还能够保持在1.7亿吨、1.8亿吨，甚至2亿吨，我们就还需要发现大油田。因此，摆在石油工人、技术人员面前的任务还是非常重大，在现代化建设的新时期，还需要发扬大庆精神，发扬铁人精神，为国家石油工业作出新的贡献！

确实像总理说的那样，大庆油田已经不复当年摸爬滚打的岁月，在经历石油大会战、原油高产稳产的阶段后，现在正迈入科学发展的新时期。要实现可持续发展的美好前景，既需要"老铁人"革命加拼命，又需要"新铁人"拼命加科学。

走出铁人纪念馆这个以黑白为主色调的世界，眼前一下子明媚了起来。

阳光下，高楼林立，车水马龙，"老铁人"王进喜的生命韶华正化作无尽的给养滋润着这一方热土，如今那上面是一片繁华。

而"新时期铁人"王启民，正用74岁仍在焕发的生命活力忘我科研工作，还在为百年大庆贡献力量。

我们的耳畔回响起马克思说的："让历史复活是为了今天。"

想起纪念馆前用炯炯灼人的目光每分每秒关注着油田发展的王进喜塑像，想起一直关机潜心深入探究地质世界的王启民，就觉着脚下这片土地到处都刻印着他们的影子，流淌着他们的精神。

他们的传说，今天依然美丽，依然动人，依然激扬。

谁说我们还没有见到王启民？

你来大庆就知道了——

这儿，东西南北都是他，都是他们！

# 第二章

王启民的生日是 9 月 26 日,巧的是,和大庆油田诞生于同月同日。

他仿佛就是为石油而生的。

1960 年,大学毕业的王启民一到大庆,就面对着苏联专家认为中国人根本开发不了油田的嘲讽,书生意气的他和同事们愤然写下一副对联:

"莫看毛头小伙子,敢笑天下第一流",横批是"闯将在此"!

那"闯"字里边的"马"被有意地写出了门框。

51 年过去了,当年风华正茂的江南学子已经两鬓染霜,但"闯将"还是那个"闯将",只是小马驹已经成了驰骋广袤油田的千里马,谱写了一段段在油田勘探开发中马到成功的佳话。

如今,74 岁的王启民依然像钉子一样,把自己牢牢地钉在科研项目上。

他笑吟吟地对记者说:"我是'70 后',我要多活 20 年,还要开发大油田。"

在他心中,永远亮着一盏共和国石油工业的科技明灯。

大无畏的闯劲,钢铁般的意志,是永不枯竭的高产油田。

"闯将"自称"70 后"

# 乡音无改鬓毛衰

2011年3月21日，来到大庆第一次采访王启民，没有如愿见到他，我们的心中不免有点失落。

可是从铁人纪念馆出来，想法变了，和王启民看似失之交臂的背后，其实蕴藏着必然。能够被冠以"铁人"之名，必定也是忙人。

"铁人"王进喜就是这样，直至去世也没有留下一张全家福，原因是：只要他能动，就不会闲下来。

如此想来，"新时期铁人"肯定继承了"老铁人"对待工作分秒必争的传统，没空接待媒体也在情理之中。

下午3点多，王启民的手机终于开通了，听筒内传来随和平静的声音，他表示手头一直有工作在忙，不方便见面。在我们的一再坚持下，他答应抽出下班后的时间。

晚上6点，我们摁响了王启民办公室的门铃。

开门的是一位头发花白、背部微驼的老人，穿着极普通的灰色夹克，五官透着南方人特有的温婉祥和。

这位因感动中国而家喻户晓的人物一见我们，便笑开了："哟！这么年轻啊？"

随后，他对带领我们进来的高慧泽说道："你先回去忙你的吧，我来对付她们！"

气氛顿时轻松起来。

王启民果然如传说中那样亲切，极富有幽默感，甚至笑的时候会皱起眉头，刻意整出一个很时髦的"囧"字脸。

我们的紧张心态瞬间就在他的笑容里烟消云散。

也许是因为刚刚忙完一天的工作，王启民苍白消瘦的脸上隐约透着倦意。离开浙江湖州这片故土已经半个世纪，他的家乡口音没变。在他身上，另外一个形影不离的标志，便是因长期野外作业而落下的类风湿强直性脊椎炎。

我们注意到，此刻他正以特有的"强直"姿势前倾着坐在椅子上。这个顽固的疾症还曾经引起国家领导人的关心。

当年的一篇报道为我们还原了这一场景：

## 无限关怀无限情
### ——江泽民、李鹏接见"新时期铁人"侧记

1997 年 1 月 17 日，虽然寒冬未尽，但人民大会堂中却春意融融。平时从不讲究穿着的王启民，这天下午西服革履，身披红色绶带，上面缀着金光闪闪的五个大字——"新时期铁人"，坐在福建厅内等待着那令人激动的时刻。

15 时许，他随着总公司领导受到了江泽民总书记和李鹏总理的亲切接见。这是一个难以忘记的时刻，而更使他难以忘怀的是日理万机的总书记竟然还了解他的身体状况。

当中国石油天然气总公司原总经理王涛向江泽民、李鹏介绍王启民时说："这是我们'新时期铁人'王启民同志。"李鹏总理说："啊，新时期'铁人'。"

总书记则拉着王启民的手亲切地问："你有脊椎炎，还有三个字是什么？"

"是类风湿。"

总书记摇了摇头说："还有三个字。"

"是类风湿在腰上的反映，变成强直性脊椎炎。"

"是'强直性'，要注意身体。"

总书记的话虽不多，但深切的关怀溢于言表，并且说明他不仅看过王启民的事迹材料，而且还牢记于心。总书记的博闻强记和对英模人物的关心使在场的人十分感动。

单独接见结束后，江总书记、李鹏总理在王涛、周永康同志的陪同下，健步走入东大厅，与等候在那里的出席中国石油天然气总公司工作会议的代表和工作人员见面，第一个与我局党委常务副书记张树平握手后，又再次和王启民握了手。与大家合影后，在讲

王
启
民

话中又多次提到王启民同志。

他说:"今天,我要特别给你们坦率地亮一个思想,就是中央认为,我们建设有中国特色的社会主义,不单单是要把经济搞上去,还有一个很重要的就是要把精神文明建设搞上去。大庆精神、艰苦奋斗、'三老四严'等传统作风是我国工人阶级的优秀品质。大庆是我国工业战线的一个很好的榜样,大庆职工和石油队伍是我国工人阶级的英雄队伍。我们现在有了第二代'铁人',这就是王启民同志、王为民同志。他们两个,一个是科技人员,一个是工人,都是新时期的'铁人'。我认为我们有许多模范人物,应当大力宣传他们的事迹。"

接着,江总书记又表扬了王启民对油田稳产的功绩。然后说:"大庆油田保持了 20 年 5000 万吨以上的生产水平,这对中国的作用太大了。我认为,大庆不仅仅创造了物质上的财富,而且在精神上积累了财富,这种财富是我们全国工人阶级积累的精神财富的一部分。特别是当前反腐败的斗争中,这种精神给我们开展反腐败斗争注入了一个很好的活力。"

回到驻地后,记者采访了王启民。他说:"今天我受到江总书记、李鹏总理的接见,心情很激动。总书记和总理对大庆油田一再肯定,说明了党中央、国务院对陆上石油工业非常关心,这给了我们巨大的动力。我感到'稳定东部,发展西部'是国家的殷切希望,我们把原油产量搞上去,国家进口油就会少一些。稳定东部,大庆油田的担子非常重,稳产到 2010 年的路很长很艰巨。我作为一名科技人员,责任重大,压力也很大。现在的关键是要把稳产到 2010 年的工作做好,针对油田实际搞好研究攻关,主要是在'三个三'(三次采油、三次加密、外围油田三类油藏开发)上下工夫,通过攻关,确保到 2010 年的稳产。"

(《大庆油田报》记者　接长军)

往事重提,王启民用手掌使劲搓了几下略显疲倦的面庞,笑着说:

"你们来这里,可不要把我当什么英雄,真正的英雄是前赴后继的牺牲者,我只是恰巧参加过这些'战役',作为一个历史见证人而存在。"

他接着又说:"大庆油田能够高产稳产到今天,是几代石油人、科技工作者生命不息奋斗不止的结果,我仅仅是其中极普通的一份子。如果有什么值得骄傲的话,只是我这一生既参加了大庆的一次创业,同时还能为二次创业尽一份科技工作者的微薄之力,这是很光荣的一件事。"

在澄清了"英雄"的概念后,接下来的时光更是异常美妙。从给自己的定位开始讲起,王启民将我们先前在新闻报道中建立起来的对他模糊而生硬的形象一一打破,还原了一位真实的、迷人的"斗士"形象。

他没有端起官腔给我们讲述自己如何为事业鞠躬尽瘁,而是一再强调自己是个"书呆子",甚至他当选为"新铁人"的过程,亦被其戏称为"偶然"。

可就是这位在偶然中不断创造奇迹的人,却从 20 世纪 60 年代便驻守在这片曾经非常荒凉的土地,将一生心血浇灌于此,与同样为之奋斗的人们一起为大庆植下美丽的树种,令其茁壮成长,终于成为一座美丽的现代化城市。

"的确啊,我是从 1961 年大会战那会儿一直工作到现在,最苦的日子都撑过去了。当时同来这儿的人中,也有不少挨不了那个苦,就调的调、走的走,只有我还在这儿。知道为什么吗?"

王老突然眯眼一笑,又摆出了"囧"字脸。"因为当时'文化大革命'嘛,我父亲是老师,所以我的家庭出身不好,不敢多提要求,更不敢说话。这倒也省心了,可以安安静静地埋头苦干,不用多讲话,避免被拉去'批斗'。"

"安静"是王启民跟我们提及最多的一个词,甚至我们试图让他再道出一些当年大会战时住干打垒、吃窝窝头的艰难岁月中的细节,他都在眼角眉梢绽放着"菊花"道:

"你们看那么多报纸上说我在那个环境有多冷多苦吧?其实错了。告诉你们,当时一到休息天,其他同事就都回去了,留下我一个人,正好,到了晚上呀,我就把他们的棉被都拖过来盖自己身上,一个人睡得舒舒服服的;周围又一点不吵,我可以在那儿看资料、思考问题,才不苦咧,哈哈!"

# 打响油田新会战

"2011年3月19日,法、英、美等国的多国部队联手开始对利比亚展开的军事打击,已致使其原油出口接近瘫痪。而作为全球第十二大产油国和北非最大石油出产国,利比亚正常的石油日产量达160万桶。与此同时,日本核危机后引发了石油已经不堪重负的能源新问题,石油消费占日本一次能源消费的比例高达42.6%,如果重建过程对石油消费需求增加,在供应下降和需求上升的情况下,势必会对国际油价产生上涨影响。"王启民说。

谈笑间,与王启民聊起价格正越来越昂贵的石油,他的神色一下子变得严肃起来。作为业内的知名专家,他最能体会石油对国家和人民的意义。

根据国家统计局发布的《中华人民共和国2010年国民经济和社会发展统计公报》,2010年我国原油消费量增长12.9%,天然气消费量增长18.2%;进口原油2.39亿吨,同比增长17%。石油对外依存度上升了3个百分点,超过55%,使得我国成为仅次于美国的第二大石油进口国与消费国。石油输出国组织(OPEC)预计,至2011年,全球石油消费量每天将增加105万桶,占1.2%;主要受中国、印度等发展中国家需求的上涨推动,预计油价总体水平将高于2010年。

从长远来看,根据国际能源机构(IEA)预测,未来20年,世界一次能源总需求量将以年均2%左右的速度增长,1997～2020年世界一次能源需求总量将增长57%;石油仍将是占主导地位的能源,预计需求量以年均1.9%的速度增长,2020年世界石油需求总量将达到52亿～57.5亿吨。

原油价格曲线是经济形势的晴雨表。如果未来石油供不应求,那么持续上涨的售价将会影响我们生活的每一个环节,到时候将百物腾贵,极易引发大通胀。

最致命的是,石油从目前来看还很难被其他能源替代。据报载:全球超过60％的能源消耗来自于石油。因为就目前而言,石油有着诸多唯一性:首先石油做化工原料就不可替代,尽管煤化工也在发展,但煤化工效率低、污染严重的缺点尚难克服;另外就是运输,海陆空运皆是靠石油燃料;从环保角度说,一般1千克石油燃烧产生1万大卡热量,而1千克最好的煤也不过6000大卡,且伴有大量污染物产生。

从目前的能源形势看,我国石油、天然气资源的供求矛盾将长期存在,仅靠常规油气供应已很难满足经济发展的需要。而我国的非常规油气分布"点多、面广、开采难度大",如我国煤层气资源总量相当于常规天然气资源总量的66％,位居世界第三位,但相应的开采技术还不成熟。由此,我国以重大科技专项的方式推进油气开发,将有利于该领域内的技术创新,进一步突破能源与资源瓶颈,确保我国经济持续稳定发展。

已开发50余年的大庆油田,迄今贡献了20多亿吨石油,占中国同期陆上原油总产量的40％左右,为共和国前进的快车源源不断地注入了澎湃动力。尤其是在1976～2002年间,连续27年原油稳产5000万吨以上,创造了世界同类油田开发史上的奇迹。

然而,随着中国经济迅猛发展,石油需求量不断攀升,我国从1993年开始重新成为石油净进口国。近年来伴随国际油价大幅波动和别有用心的"中国威胁论"一起扑面而来的,还有大庆油田"资源已经枯竭"的猜测。

在历经50余年高效高速开发和倾力奉献之后,大庆油田进入一个特高含水期,主力油田的综合含水已经高达90％,原油产量在下降,开发难度在增大。王启民形象地向我们比画着说:"油田综合含水达到90％,就好比人被水淹到了脖子,含水达到95％相当于淹到了鼻子,含水达到98％就要遭受灭顶之灾。"

和20世纪五六十年代西方强加给中国的"贫油论"一样,这一次又到了考验我国石油自给能力的关键时刻。

大庆油田这颗中国石油工业的定盘星,又一次勇挑"为国分忧"的重担,在党和人民殷切目光的注视下,提出了打造百年油田、进行二次创业的宏伟战略。

2008年,一场剑指实现原油4000万吨持续稳产的高科技新会战,在大庆油田拉开帷幕。

"我们正承担着与50年前同等重要的历史使命。"王启民说,"大庆的资源是有限的,但科技进步的力量是无限的,以我们目前的技术和资源储备,百年大庆绝不是梦想。"

王启民说这话的底气来自于新一代党和国家领导人对大庆油田的关怀。

### 胡锦涛先后三次到大庆油田视察

1984年8月16日,胡锦涛第一次来大庆油田视察。他指出:大庆精神不仅仅是我们60年代建设大庆的时候所需要的,也是我们今天建设现代化所需要的。

1996年3月21日,胡锦涛在中南海接见大庆油田负责同志时指出:大庆的历史功绩不仅在于为国家生产了大量的石油资源,而且,还在于为国家造就了一支英雄的工人阶级队伍,培养输送了一批领导骨干和科技骨干;不仅在于创造了巨大的物质财富,而且在别人卡我们脖子、国家十分困难的时候,用石油支撑了共和国的经济大厦。还有很重要的一条,就是在大庆油田的开发建设中培育了大庆精神、铁人精神这一宝贵的精神财富。

1998年8月26日,胡锦涛亲临大庆抗洪前线和受灾地区,慰问奋战在一线的抗洪军民,看望灾区群众。

2009年6月26日,中共中央总书记、国家主席、中央军委主席胡锦涛到大庆油田考察,看望慰问一线干部员工、科研人员和劳模代表并发表重要讲话,充分肯定大庆油田为我国石油工业发展作出的贡献,强调大庆精神永远是激励我们不畏艰难、勇往直前的宝贵精神财富。

胡锦涛充分肯定50年来以"铁人"王进喜为代表的一代又一代石油创业者创造的不平凡业绩。他说:大庆油田为国家、为人民所作的历史贡献,党和人民永远不会忘记。大庆精神永远是激励我们不畏艰难、勇往直前的宝贵精神财富。大庆油田以往的辉煌离不开自主创新,大庆油田今后的可持续发展,同样离不开自主创新。要发扬大庆精神,继承优良传统,树立更高目标,攻克更多技术难关,继续艰苦创业,为我国石油工业的发展作出更大贡献。

今年是大庆油田发现50周年。1959年9月26日,松基三井喜喷工业油流。50年来,大庆油田累计生产原油20亿吨,上缴利税等1.7万亿元,为国家作出了重大贡献。

一到黑龙江,胡锦涛就前往大庆油田考察。6月26日下午15

时10分,他首先来到"铁人"王进喜工作过的1205钻井队作业现场。总书记健步登上钻塔操作台,仔细察看正在运转的钻机,还走进值班宿舍了解钻工野外作业时的生活情况。总书记对大家说,与50年前相比,现在的条件已经有很大不同,但大庆精神永远是激励我们不畏艰难、勇往直前的宝贵精神财富。希望大家高举钢铁1205钻井队的旗帜,发扬优良传统,继续艰苦创业,为我国石油工业发展作出新的更大贡献。

高高的井架下,总书记同石油工人激情满怀地唱起歌曲《踏着铁人脚步走》,鼓励石油工人继承和发扬铁人精神,为祖国建设加油。

随后,胡锦涛来到大庆油田勘探开发研究院采收率实验楼考察。科研人员告诉总书记,大庆油田依靠自主创新不断提高原油采收率,支撑了油田长期高产稳产,目前正在研发微生物采油技术,挑战世界同类油田采收率极限。胡锦涛说,通过同志们的介绍,我深切地感受到,大庆油田以往的辉煌离不开自主创新;大庆油田今后的可持续发展,同样离不开自主创新。他抬起头,看着悬挂在实验楼里的一幅标语说,刚才上楼时看到你们提出的口号:超越权威、超越前人、超越自我,提得非常好,希望同志们继续弘扬这三个"超越"精神,树立更高目标,攻克更多的技术难关,为我国石油工业发展作出更大贡献。

胡锦涛还参观了大庆油田历史陈列馆,同大家一起重温大庆油田创业和发展历程。参观结束后,胡锦涛亲切会见了马德仁、薛国邦、王启民等劳动模范和大庆石油系统优秀党员代表以及"铁人"王进喜的家属,高兴地与他们合影留念并发表重要讲话。总书记深情地对大家说,在"七一"党的生日前夕,很高兴在这里和大家见面。我代表党中央,向大庆石油系统的优秀党员、劳模代表致以崇高的敬意,向"铁人"王进喜的家属表示诚挚的问候。今年是大庆油田发现50周年,50年来,以"铁人"王进喜为代表的一代又一代大庆创业者,怀着为国争光、为民族争气的远大胸怀,克服了重重困难,创造了极不平凡的业绩。大庆油田生产了国家经济发展所需要的大量的宝贵石油产品,培育了"爱国、创业、求实、奉献"的大庆精神,锤炼了敢打硬仗、勇创一流的英雄队伍,在我国石油工业发展史上谱写了光辉的篇章。大庆油田为国家、为人民所作的历史贡献,党和人民永远不会忘记。

胡锦涛强调,当前,全国上下正在积极应对国际金融危机的冲击,我们更要大力弘扬大庆精神,努力做好保增长、保民生、保稳定各项工作,把改革开放和社会主义现代化建设事业继续推向前进。

(来源:大庆油田)

"'这困难、那困难,国家缺油是最大的困难。'当年,'铁人'王进喜他们以民族脊梁支撑起了石油大会战;如今,我们再次擂响了用高科技打好新会战、向原油 4000 万吨持续稳产目标进军的战鼓。"王启民的目光中传递出如铁的决心。

据了解,通常一次采油和二次采油可采收 30%~40% 左右原油。二次采油后的剩余潜力在 60%~70% 左右,因此三次采油一直是世界各国石油专家攻关的课题。大庆油田自 20 世纪 70 年代就开始在三次采油方面的研究和实践,目前,大庆油田是世界上最大的三次采油基地,应用三次采油技术已累计产油 1 亿多吨,喇、萨、杏等主力油田采收率已超过 50%,比世界同类油田高出 10~15 个百分点。

科技是第一生产力。拿下大油田需要艰苦奋斗,开发大油田则需要艰苦创新。王启民雄心勃勃:"油田需要我,国家需要我,我觉得自己还和年轻的时候一样,浑身有用不完的劲。"

# 死井复活不是梦

人都会有梦想,都希望自己能梦想成真。

有梦想就会有创造。创造的动力来源于实现梦想的决心。

王启民的信心来自于他近年来的一项科研项目:"油田老了,含水多了,难度大了,但是我们并不发慌。我们的梦想就是,叫死井复活。"

所谓死井,是指综合含水率98%以上、采不出油而废弃的井。经过50年的开发,大庆油田进入发展的关键期,油田含水率已达90%以上,也就是说地下每采出10吨的液体中有9吨是水!如何实现可持续发展,成为这座中国最大油田面临的世界级难题。

死井复活,这可能吗?

"嘿嘿,说起这个事情啊,可有意思了。前些日子啊,上头几个人都在问我是不是新造了'原子弹'。我告诉你们,还真有!"

王启民脸上那抹谦逊的笑意消失了,换上了扬扬得意的表情。

古稀老人居然还在秘密研究"原子弹"?! 这个消息在我们心中如同投下了一块巨石,激起了令人振奋的滔滔水花。

王启民乐滋滋地打开电脑,播放了一段PPT文档,他近几年的研究成果赫然呈现。他手拿纸笔,给我们讲解了他那枚"原子弹"的威力。

原来,美国的科技人员曾在1951年提出过"聚皂"的概念,就是想发明一种神奇的液剂,将其混入水中,注进坏油层,便可将黏稠地附着在岩石内壁上的稠油吸取出来。如此一来,油层的开采率便可大大提高,还能使从前被判了死刑的废油井"起死回生"。

然而,美国人提出这个"聚皂"概念已有半个多世纪,却始终未能研究成功。到了2004年,美国人将此概念称为用化学剂采出原本无法采出的石油。

"我可算是弄出来了!"王老眉飞色舞地在纸上画着图,向我们解释起这枚"原子弹"来:

这项目名为"新型驱油剂驱油技术研究",是王启民花费整整6年时间才研制成功的。他开发了一种叫"多功能高分子表面活性剂"的驱油液剂,这是一种用纳米技术研制成功的液体,能将石油液体乳化,把附着在最底层的稠油变成"酱油汤"。由于纳米的智能化特性,这种驱油剂在油层之间流动时能自动找油,并把石油一丝丝拉至水面,方便抽取,因此还控制了水量,避免大量低效注水而导致油井被淹,解决了开采率低下的问题。

"哎呀,王老,您这个研究太伟大了!那您还不赶紧将它公布出来,大面积投入使用?这样大庆石油再稳产10年甚至50年恐怕都没问题了!"看到这样惊世骇俗的科研成果,我们难掩心头的激动和兴奋。

王启民却摇摇头,向我们讲述了他这几年来的研究经历。过了退休年龄之后,王启民心里清楚,有些人也与我们先前的看法一样,对他再搞出科研成果已经不抱希望,便忽视了他,将他放在一边。

孰料这种"忽视"反而营造了一个良好的科研氛围。

"反正我也年龄大了,一身轻松,来去自由,所以更方便潜心研究了。"王老将身子往椅背上一靠,依然用乐观轻快的口吻向我们讲述了他其实并不轻松的科研之路。到了晚年,王启民要搞科研实验并不容易,可他得到了安静,唯有安静才能让他思考、研究。他怕耽误青年科研人员的发展,甚至拒绝使用团队,选择像中国网球运动员李娜那样实行"单飞",在孤独中张开苍劲的双翼,自由飞翔。

一开始,王启民带着这个与美国人相同的科研概念,找到了上海华东理工大学的一位教授。他提出了对液剂的功能要求,并请求合作。可实验需要大量资金投入,王启民向教授直言他没有钱,但可以去拉赞助。随后,这位执著的老人真的拉到一家肯与他合作的化工厂,愿意进行投资。

说服工业企业合作石油开采项目,他已不是头一次了。当年打井的时候,由于设备限制,开采速度慢,公司便向美国人买了一台电泵,然后回来找了国内的厂家,请他们研制。当时那家工厂很担忧这种电泵的生产量太小,王启民胸脯一拍说:"生产吧!咱们起码要几千台!"工厂这才放下顾虑,大力生产。如今所有的油井都用上了这种电泵,大大提高了开采效率。

一名好的科研人员,必定是有远见的。

然而,在研究新型驱油剂初期,王启民的想法曾遭到同行的嘲笑,甚至强烈反对,有人嘲笑他是天方夜谭,与黑龙江当年那个忽悠众人说能把水变成石油的骗子完全一样。面对这样的责难,王启民又笑了,因为这样的场面他太熟悉了,每一次成功的背后,这些异见总"长势良好",和他一同刻在科研人生的石碑上。王启民说自己最喜欢听反对的声音,任何一件事的成功,反对者绝对功不可没。

"因为反对你的意见里,有许多非常合理的质疑,你必须听取他们的意见,来完善你的技术成果。他们反对你的内容,就是你需要特别注意的地方,要防备的地方。"王老这样对我们讲。

在制造"原子弹"的过程中,每一步都相当艰辛,多年的科研经验令王启民明白他与其他很多科研人员之间的差距。他承认自己理论知识并不扎实,在学校也属于成绩不太好的学生,但他沉迷于实践,总是拿事实来说话,思维模式不受理论约束。之所以他能花6年时间攻破美国人花60年都无法攻破的科学难题,王启民也自有解释。

"美国的科研人员非常专业,理论也很丰富,但他们的思维模式已经固化,不会绕弯了,许多可以用简单的方法处理的问题他们都视而不见,偏去搞复杂的,自然就很难成功。你看我从前开发的'高效注水'、'表外开采',对一个油井中优劣各异的表层用双管齐下的方式进行开采,这些方法都没有特别高明之处,但是很有效。美国人就是思维模式定死了,才成功不了,什么'世界第一流'呀?见鬼去吧!"

王老一提到这个就乐得合不拢嘴,他对"两论"(《实践论》与《矛盾论》)理解之深透,可见一斑。

依他的见解,科研这方面的成功有很多纯属"偶然",只有不断实践,才能与这些"偶然"邂逅。比如2002年获得诺贝尔化学奖的日本人田中耕一,年仅25岁,毕业于日本东北大学工学部电气工学专业,只是一名普通的学士,在实验室第一线从事研究工作,鲜少发表论文,也不和日本学术界进行交流。可有一次他将试剂弄错后,在极其偶然的情况下发明了对生物大分子的质谱分析法,连他自己都感到吃惊。

另一个案例便是1957年,苏联成功发射了全世界第一颗人造卫星"伴侣—1"。当时苏联人并非存心要研究人造卫星的发射以探索宇宙,而是致力于研究导弹发射,将人造卫星带上只是"顺便"做个小实验,不料无心插柳柳成荫,导弹发射并不成功,人造卫星却在环绕地球的轨道上开始正常运行。

王老将这两个故事戏称为"歪打正着,正打不着"。没有意外的发现就很难创新,而这些"意外"就得在不断的实验中获取。

面对大片的反对声,中国科学院化学研究所的小会客室一度成了王启民及许多专家聚会的"科学咖啡厅"。他们经常在那里讨论问题、想法,进行自由探讨,王启民就是专门到那里听取反对意见的。他始终认为,没有实践就不能搞创新,一个人离开了实验室就难以搞好技术创新,因此实验室经常是核心技术产生的孵化器,是技术创新的物质基础。

遗憾的是,与王启民合作的化学教授也无法理解他的观点,认为这样的液剂不可能造出来,后来甚至与其他反对人士站在了同一条战线上。可这种情况让王启民更兴奋了,因为他明白,你提出的观点有人反对,这个观点才叫"创新"。一如当年第一代"铁人"王进喜那样,别看是工人出身,平常最喜欢的却是研究钻头,人称"钻头迷"。当时也有不少人对他研究出来的奇形怪状的钻头不屑一顾,他却始终坚持,也提出了勇于创新的理念。

基于同样的信念,王启民中止了与"学院派"的合作,开始寻找与他一样的"实践派",终于找到一位搞化工的普通科研人员。对方也没有什么固定思维模式,就喜欢泡在实验室内一遍遍做实验,因此两人一拍即合,在不断的失败中不断地总结经验,终于迈向成功。

被王启民称为"原子弹"的驱油剂造出来了。他决定将这种智能驱油剂投入油井实验,可最大的难题依然是科研项目不被理解。当时有些上层领导不同意他拿油井搞实验,因为一旦失败,经济损失太大。

按规定,一份实验申请须有五个部门的领导签字。王启民是搞科研的,不擅长处理人际关系,但他有他的处事智慧。他灵机一动,乘上层领导出差之际,去找副级领导签署实验申请。王老在这些干部心中德高望重,自然不会不给面子,所以王启民总能如愿以偿。就这么东凑西凑,竟然凑满签字,可以正式动用油井进行实验了。

王启民选的实验油井都是注水比超过 99.3% 的,已是严格意义上的废井,按理不可能再抽出石油来,哪怕再注水也只能造成无效循环。而王启民就看中了这油井的"濒死状态",正式投入实验。

很快,神奇的效果出来了。截至 2011 年 1 月底,仅中心井杏 5-1-P927 井已累计产油 11691 吨,累计增产油量竟达 8006 吨,阶段采出程度达到 27.4%,阶段提高采收率 18.8%! 就是说,原来采出程度的"正常水平"应该不超过 20%,使用这种新液剂以后,采出度竟大幅升高,从而救活了这口死井!

不但如此,该液剂还令油井变得易注入、易深调,保持堵而不死,杜绝了无效循环的出现,并且只堵水、不堵油,吸油效率超高,完全体现了"智能化"的特性!

可见这枚"原子弹"太重磅了,令王启民完全走在了石油开采的科学前端。

这就是梦想的奇迹,这就是创造的神奇!

王启民要让死井复活的梦想,竟然不可思议地成为现实中的真实!

# 繁华都只是路过

眼前这位面容清癯、眼神清澈的老人令我们肃然起敬,我们能真切地感受到他血液中流动着对科研事业的狂热。

一个真正的学者、科技人员,就要如他那样戒掉浮躁,甘于寂寞,甚至享受孤独,才真正称得上"全身心投入"。2010 年去世的美国著名作家杰罗姆·大卫·塞林格 32 岁便出版了他第一部长篇小说《麦田里的守望者》。这本描写美国年轻人迷茫、受压抑之处境的经典作品引发了当代美国青年的共鸣,甚至被奉为"圣经",功成名就之后的塞林格却并未乘胜追击,而是远离繁华与喧嚣,找了一处静谧之所隐居起来,直到 34 年后才重新开始发表短篇小说,唯有安静才能令他有积累、有思考、有进步。王启民淡定从容的个性,注定他是吃科研这碗饭的。他甚至可以沉溺于苦难的生活之中,将它化作前进的动力,自行创造科研条件。

真正的"铁人"就是要有这样的乐观,才能抵达成功的彼岸。

与王启民谈及的另一个话题是"荣誉"。

没错,正如美国作家德莱塞的小说《天才》所描写的那样,许多所谓的"天才"能够抵御困境,却无法阻挡名利的诱惑。当一个个光环套在"天才"的头顶之时,他是否会迷失方向,变得浮躁而轻率,从此躺在过去的"功劳簿"上睡觉,最终导致才华尽丧?

看过太多《伤仲永》的例子之后,我们不禁也有这样的担忧,更何况眼前坐着的是位年过七旬的老人,他完全可以借退休之名在家里高枕无忧,和其他老年人一样享清福。如今的王启民获取了很多的荣誉,而他对待荣誉的态度,仍然出乎我们的意料。当他谈及最初领取"铁人科技成就金奖"时的感受,他的话里没有一句"心情激动"、"奋发图强"之类的套话,却将它当成一个有趣的回忆：

"当时啊可有意思了。我到时任石油工业部部长的康世恩家中汇报工作，把稳油控水的法子跟他讲了。后来评奖的时候，银奖和铜奖都评出来了，只有金奖空缺，于是给了我。当时给得也太匆忙，金奖的奖章都没准备，只好先给我个铜奖代替一下，拍张照，反正颜色也差不多嘛，呵呵。"

得此殊荣，在王启民口中道来仿佛是一次有趣的经历。而他对名与利的淡泊，丝毫不曾影响他对事业的追求。因为王启民深知，一个搞科研的人一旦钻进争名夺利的陷阱里，大抵也搞不出好的项目来了。

1997年，北京的上层领导来探望当时已经60岁的王启民，并要他在工作上表个态。他乐呵呵地说道："我在大庆干了一辈子，如今快退休了。大庆一次创业我参与了，二次创业也沾了光，等于一次创业我已参与拉开了幕，二次创业嘛我也协助拉幕，拉完幕我就退休了。"

话虽这么说，但王启民眼中闪现的那种只有尚处于奋斗创业阶段的人才有的眼神，仿佛在告诉大家：他不甘心退休，他应该还有很多事情要做！

于是，在领导的支持下，王启民依然留在大庆石油公司，继续搞科研开发。

而如今这项完全可以称为"伟大"的科研成果，在王启民口中却同样只是淡淡的一句："我退休了，很自由，所以才能搞好。"

应该说，王启民是个对地质学深有研究的人，但新型驱油剂的研制是属于化学领域。对此他告诉我们，学科交叉、自由探索非常重要，很多科研思想来源于交叉学科，很多创造来源于自由探索。工作中，不重论文、不重获奖、不重专利，只专心做成高质量的工业产品，这样就可以心静，而且可以避免很多麻烦。

正因为秉持这样的信念，王启民才能将老观念老思想一次次地颠覆。

他乐于做这样自由而乐观的开拓者，智慧对他来讲很重要。

王启民对我们说："搞科研项目的人，只有知识是不够的，智慧比知识更重要，只有智慧才能让生活幸福。智慧来源于生活，属于生活的积累，伟大是由耐心堆积而成的。"

王启民的通透与低调一直维持到了现在。他与很多学生讨论科研技术，其间也不断地迸发出一些学术灵感。有学生根据这些灵感写成论文，邀请他署名，他拒绝了。他认为要尽量给年轻人机会，不能老是自己去邀功。

当被问及为何不将此项目申请专利时，王启民笑道："哎呀，申请专利了更麻烦，会有很多人来找我，要我接受采访。一个老是出现在电视啊报纸之类媒体上的科研人员,将来肯定也研究不出什么成果了,人心太容易浮躁。我只要埋头做我的事就好了,不想过多理会那些玩意儿。你们不知道,我们研究院有位同志,拒绝一切媒体采访,谁来他都不肯见,一心泡在实验室里,这样的人才是做事的人。我现在退休了,就是想安静地做点事,很多所谓的奇迹,我现在可能还看得到,可有一些我估计是看不到了,所以更要加快脚步。"

这番话令人不禁想起中国导演陈凯歌年轻气盛的时候,在电影《刺秦》拍摄现场,有记者问他现在最烦什么,他说:"我最烦就是你们这帮记者,不能让我好好干活。"

没错,无论是科学家还是艺术家,在专注于某项事业的时候,最讨厌的就是被人打扰。他们会不由自主地抛开声色犬马的世界,去投奔一处宁静的桃源之地,在那里精心种植希望之树。

随后,王老又摆出了那个皱着眉的熟悉笑脸。我们突然读懂了这笑意背后的某些东西:成功背后的失败,失败背后的转机,人生就是在这样交错的矛盾中一步步升华,没有绝对的苦,也没有绝对的甜。要随时保持独立与清醒,才能永远站在潮流前端。

"繁华都只是路过。"

从王启民身上,我们感悟到了"仰望星空,脚踏实地"的真谛。

# "三能闯将"心不老

在曾经与王启民共事过的科研人员口中打听到他有"三能"：能说、能熬、能忍。

"能说"是指王启民特别能讲话。

开会也好，探讨科研项目也罢，他一开口便滔滔不绝。就凭着这张嘴，他将自己的新观念、新思维灌输到他人的脑子里去，给他们的思想打开了一扇扇明窗；凭着这张嘴，他说服了许多人与他合作，协助他将"不可能"变成"可能"。他并不吝啬于将石油勘探知识与外行人分享，而是尽量用简洁通俗的叙述让很多并不从事石油行业的人懂得石油开采的基本知识，乐于"扫盲"是王启民的优点之一。

会战初始的时候，王启民给人的印象是少言寡语，但并不代表他内向、有城府，这种沉默是环境压力造成的，打破压力之后，他的真心才得以展示，怀着一腔热血向后辈传授开采知识。也因此，王启民的"说"是动脑筋的说，尽量找最直接的、易灌输的方法来引导倾听者。他老把"教育"挂在嘴上，在谈到对薄差油层的开采时，幽默地说："坏的油层就像工作不太认真的同事，你可以教育它，把它教育好了，它不就听你的，哗哗哗地出油了嘛！"

最能体现王启民"能说"的，是在 1985 年国家科技进步评奖会上。因为参评的项目很多，大会给每个发言者的发言时间只有 10 分钟。要在这么短的时间内向来自各行各业的评委们讲清楚"大庆油田长期高产稳产注水开发技术"项目的技术方法，实在是件不容易的事。王启民仔细琢磨了一下，便拿着几块岩芯在评委面前进行现场演示，生动、形象、直观地解析了项目的科研理论，给评委留下了深刻印象，最后这个项目得了特等奖。

尽管王启民不是专业的教师，却很擅长做传道授业解惑的工作，"科学狂人"只要一讲到"石油"就永远说不完、道不尽。

关于家事,王启民却鲜少提及,他乐于交流的东西仅限于科研,生活重心的倾斜相当严重。但当我们问他对"幸福"含义的理解时,他说退休在家享清闲不是幸福,真正的幸福是攻破一个个科研难题;那份成就感,是安于现状的人永远无法体会到的。

王启民的"能忍"也是出了名的。

他尽管有宽容的胸怀,对科研技术之外的事儿都不太放在心上,然而一旦成了名,便是"人在江湖,身不由己"。诸多莫名其妙的流言飞语缠绕着他,嫉妒、中伤和排挤也是王启民时常会遇到的,可他素来都用"宰相肚里能撑船"的态度来对待这一切。唯一也是最有效的"容忍"方法便是养生。养生很多时候往往等于养心,保持心灵的纯洁度,不被世俗的阴暗所污染,是王启民一直坚持的。他认为如果不想流失掉作为科研人员必须具备的纯净,就一定要健康。

讲起养生之道,王启民也表现得相当"专业"。他说每餐都吃一碗苞米粥、一个小地瓜,以蔬菜为主,肉食类则以鱼为主,忌食油炸食品。另外他还信奉"四个八"原则:每天喝八杯水,走八千步,睡八小时,吃八成饱。因此许多同事都经常在傍晚时分看到王启民一个人在公园里散步。他的乒乓球也打得非常好,球风稳健而坚韧,比他年轻许多的后辈与之对战后都感慨:"打球要赢王老太不容易了!"

王启民深深地体会到,只有在逆境中经过摸爬滚打,胜利之果品尝起来才愈发香甜。避免人际关系纷争,只探讨科学问题,这是他的信条之一,知识结构与人生阅历使他保持着独特而可爱的脾性。王启民常说,作为一个人,必须要保持自己的个性与独特,如果失去了个性与独特,就无法成功。他说曾经在报纸上看到一位中国神童,写得一手好书法,属于天才级人物,当时还受到日本书法家协会的关注。10年之后,神童已经长大,日本的书法家再度探访他,希望能再看到他惊世骇俗的作品,却发现他的字体还停留在模仿王羲之的阶段。一块稀世好玉,没有雕琢成独一无二的玉器,而是一味重复别人的东西,注定只能默默无闻了。

这个故事王启民一直铭记在心,他不要做复制别人成果的"神童",他要走在所有的"前辈"前头。

"能熬"是王启民的最大特色。

他曾经讲过,真正搞科研就是在实验室里待上十几二十年都不吭声,做上几万次失败的实验也不退缩,这样总有一天会成功。科研人员必须要会熬,要有"十年磨一剑"的心理准备,哪怕沉寂多时,最终定能一剑封喉、一鸣惊人。

尽管王启民早就过了退休年龄,却还是继续在"熬"。每天早早地来上班,去油田看情况,主动找科学院的专家探讨分析、交流学习,所做的事情一件都不比在职员工少,而且还能走出新境界来。现在最新的科研成果尽管在实验中取得了巨大的成功,但质疑声依然没有减弱,有人说他的液剂不环保,也有人说耐不住高温。这些人可能不太相信退休老人所实现的超越,因此提出了种种质疑。王启民面对这些,继续保持着他的"囧"字笑容,皱着眉头,弯着嘴角,但这绝非苦笑。他只是在这一片质疑声中,平静而从容地拿出实验数据,用事实依据说话——这是成功人士必定会有的傲慢。

可喜的是,检测表明这种驱油剂不仅环保,而且越是高温效果越好。王启民听到检验结果,也只是笑笑,说:"那就好,只要没出问题就好。"

他没有也不屑于拿着这些结果去跟反对者理论。

会战初期的艰苦环境,王启民熬过来了;"注水三年,水淹一半"的麻烦,他熬过来了;主力油层产量大幅下降的瓶颈期,他熬过来了;患上风湿病,直不起腰来,被老同事戏称"八道弯"的时期,他也熬过来了。只要有石油,没有什么是王启民熬不过来的!

他曾经有很多次机会可以去北京,甚至更好的地方工作,可他就是怎么也不肯,依他的话讲:"因为开采石油的研究是一个漫长的过程,石油越采越少,难度越来越大,我们科研的挑战性才越来越高,出来的成果就越来越伟大。我怎么能放弃这块土地,到别的地方重新开始呢?尤其是调到石油资源尚且丰沛的地方去,哪还有我的用武之地?"

可见,王启民是早已习惯了熬,甚至还熬出了滋味。他明白自己对于石油的价值所在,甚至对于中国、对于世界的价值所在,唯有这样熬着,才能熬出"伟大"。这种"伟大"不仅仅是科研成就上的,更是精神与人格的魅力所在。一个个曾经被众人认为是天方夜谭的项目,都在他手中实现了,一如美梦成真,能不断把梦想变成现实的工作的确是最美丽的,王启民的幸福指数因此走高。妻子说他不该姓王,直接姓"油"得了,他也是笑笑,拿调侃当补药。谁能说他骨子里不是这么想的呢!

眼见为实。现在只是对王启民的初次采访,我们就已经领教了他的"三能":

他的"能说",轻而易举就把我们两个外行引入了深奥的地质世界,且听得津津有味;他的"能忍",仅从他因疾病而保持的特有"强直"前倾坐姿就可看出；他的"能熬"，更不用多说了，此刻时针已经指向晚上 11 点，而王启民依然神采奕奕，看来，和"新时期铁人"在一起，我们也快变成"铁人"了。

采访中，王启民习惯性地拿着笔在用过的 A4 纸背面比画着地质的油储量。在我们眼前，这不是一双寻常的手。

这双手，一直在从千米地缝里挤出油流；这双手，曾经高举神圣的奥运火炬，把奥林匹克永不言败、团结互助和超越自我的精神传递给身边的每一个人，而他自己正是这些精神最好的践行者。

他告诉我们："50 年前，我们的第一个梦想是'拿下大油田'，这个梦想实现了。现在，我们又放飞了第二个梦想'创建百年油田'。我坚信，有党的领导，有世界领先的油田开发技术，有用大庆精神、铁人精神锻造的英雄队伍，这个梦想一定能够实现！"

豪迈的语言来自于不懈的实践。已进入晚年的王启民，在科研上表现出了比年轻人更大的热情，而他的快乐和执著也许可以用居里夫人的话来解释：

"科学探讨研究，其本身就含有至美，其本身给人的愉快就是酬报。所以，我在我的工作里面寻得快乐。"

比大海更深邃的，是地质储层。

比储层更深邃的，是一个石油人的心灵。

# 第三章

1961 年 9 月,王启民大学毕业。

摆在他面前的选择是多元的。父亲在他实习期间去世,家里还有年迈的母亲和病残的妹妹,只要他申请回浙江老家,肯定能得到照顾。

他也可以留在北京,母校希望他留校任职,他的同学、恋人陈宝玲的家也在北京。

可是最后,他抛弃了鱼米之乡的诱惑,舍弃了北京城里的优越环境,说服陈宝玲一起奔向了祖国的大东北,奔向了魂牵梦萦的大庆油田。

这一去,竟跨越了半个多世纪。

都说郎心如铁。其实在他心里,藏着一片波涛澎湃的海,海里沉淀着最深的感情。

那就是为国争光,为中国人争气。

他从江南来

# 苦难是一所学校

采访告一段落，我们从王启民的办公室回到驻地时，已经是晚上 11 点多了，电视里正播着"我国政府紧急援助日本 2 万吨燃油"的新闻——

"日本'3·11'特大地震和海啸灾害发生以来，中国政府和人民高度关注，尽一切可能向日本提供必要的援助。在前期援助 3000 万元人民币人道主义救灾物资、派遣救援队赴日开展抢险救援的基础上，根据日本政府的请求，中国政府决定，再次向日本政府提供 1 万吨汽油、1 万吨柴油的紧急无偿援助。"

看着屏幕，不由心生感叹：如果放在半个世纪前，日本人绝对不会想到有朝一日中国会成为石油大国。日本是个传统能源极其匮乏的国家，石油、天然气、煤炭的国内产量几乎可以忽略不计，只在北海道附近有一些原油。

日本对中国的油气资源觊觎已久。1924 年，满铁顾问、日本海军中将、海军燃料厂厂长水谷光太郎在给海军省的报告中垂涎欲滴地写道：

> 抚顺煤矿的油页岩在煤层的顶端，构成约 120 米的厚层，其储藏量实达 55 亿吨。如果进行干馏，平均可得 5.5％的原油，上述油页岩所含石油约达 3 亿吨之巨，相当于美国储量的五分之一，足够我国（日本）加上海军年需 400 万吨 75 年之用。

侵华期间，日本的探矿队就像过篦子一样在东北大地肆无忌惮地寻找石油，结果大失所望，并得出结论"这个地方不存在生成石油的条件"。这也使得后来大庆油田的发现强烈地刺激了一些日本人。他们先是目瞪口呆，然后捶胸顿足、后悔不迭。

直到今天，在日本现代史中我们还常常能找到诸如"如果当初找到大庆油田将如何如何"的词句。有人提出：如果日本当年发现大庆油田的话，也许就不会策动偷袭珍珠港计划。如果不同美国开战，太平洋战争也根本不是这个打法了……

然而，历史不是由"如果"构成的，就好像如果不是日本人的侵略行径，王启民和许许多多中国人的童年就不会留下苦难的记忆。

1937年9月，最人心惶惶的岁月，两个月前刚刚发生过著名的七七事变，日本军队将魔爪伸向中国领土。一时间硝烟四起、生灵涂炭，中国百姓陷入苦难之中。

王启民就在这乱世中呱呱坠地。

王启民的家乡浙江湖州，古有"东南望郡"之称。隋朝时，以濒临太湖而称湖州，是太湖沿岸唯一因太湖而得名的城市，素有"丝绸之府、鱼米之乡、文化之邦"之美誉。如果说，浩渺的太湖是一方澄净的明镜，那么，从这面镜子里折射出来的，是在太湖南岸休养生息已遥遥2300多年的湖州，是深藏在钱山漾4700年灿烂丝绸文化里的湖州，是秦朝大将蒙恬将军造化湖笔的湖州，是唐代茶圣陆羽撰写世界上第一部《茶经》的湖州，是元代大书画家赵孟頫《吴兴赋》里的湖州，是拥有魅力名镇南浔、清凉世界莫干山、安吉大竹海的湖州。

元代诗人戴表元在游历湖州后兴致勃勃地挥笔写下一首诗：

> 山从天目成群出，水傍太湖分港流。
> 行遍江南清丽地，人生只合住湖州。

寥寥几笔，至今仍引无数人心向往之。

然而，在那个不幸而苦难的时代，哪里还有什么世外桃源。王启民家的祖屋在湖州南郊的埭溪镇茅坞街18号，祖父有地产，还开了一间杂货铺。育有两子：长子王古凡，次子王惟遂——也就是王启民的父亲。王惟遂从小就得了小儿麻痹症，落下终身残疾，长大后只能拄着双拐走路。因为身体太弱，无法继承祖业，便发愤读书，对古文和历史尤其精通，完全自学成才，后来当上了中学教师。

日本入侵之后，生活变得异常艰难，人们的大部分精力都用在求生上了。日本鬼子来了，便要逃难；饥荒来了，也要逃荒。一家人在位于湖州德清县境内的莫干山落脚。

莫干山为全国著名的避暑胜地，享有"江南第一山"的美誉。无奈当时王启民及其家人正被动荡的环境所困扰，根本无心欣赏人间美景，只一味低着头咬牙挣扎在温饱线上。王惟遂教的是中学语文和历史。抗日战争时期，他用言传身教的方式向学生灌输爱国思想，提醒他们时刻不要忘记国仇家恨，要把将侵略者赶出中国作为人生理想之一。

家境清贫的王父与王母相敬如宾，苦难落在这对夫妻头上的时候太多，却从未压弯他们的脊梁。王启民原本还有一个哥哥，在逃难中得了重病，当时家里的经济条件根本没办法让孩子接受正规治疗。结果那孩子便在缺医少药的情况下病死了。王启民的一个弟弟也送了人，以减轻家庭负担。母亲当时抱着弟弟，牵着小启民的手，走了很长的路，将孩子送到别人家里。离开时，弟弟的哭声撕心裂肺，母亲和小启民也一路流泪而回。

穷人的孩子早当家，艰苦岁月令王启民从小就特别懂事，从小他就会挖野菜，知道哪些野菜能吃、哪些野菜不能吃。在父亲近乎严苛的管教下，小启民始终保持着乐观的心态在成长，尽管山外兵荒马乱，王家的孩子也总是饥肠辘辘，却丝毫未曾磨掉王启民对生活的激情。他照样和其他的孩子一起玩游戏、挖野菜、剥树皮。

1951年，王惟遂调入湖州中学，任初中语文教师，收入也稳定了，全家终于结束了流浪生活。但王启民同时也有了自己的烦恼，因为长期逃荒，小学没好好上过，同龄的孩子都已经上中学了，他却还只上到小学三年级。他越想越不服气，就去找父亲谈判，说自己还只是小学生，太没面子了。

父亲听了非常高兴，知道这是儿子求上进的表现，于是跟儿子约定，让他先跟自己学，等小学基础课的知识扎实了，再安排他上中学。王启民欣然同意。

此后，父亲便布置了一大堆课业，让王启民从《四书》《五经》开始学。这些内容对幼小的王启民来说未免过于深奥了，甚至里头有很多字他还不认得，觉得特别枯燥，背诵起来尤其艰难。不曾想父亲却先发了火，骂道："就这样的程度还想上中学？最基本的东西都背不下来，哪谈得上理解？"

孰料王启民不服气了，反驳道："现在都新中国了，实行的是新教育，没人去读这些老古董的。语文是课程的一部分，古文也只是语文的一部分，现在还要学数理化。学好数理化，走遍天下都不怕！"

父亲一听，觉得儿子说的也有道理，便自觉教育方式的确是落伍了，于是问王启民："你可只有小学三年级的底子呀，能跟得上中学课程？"

王启民将头一抬，自信满满地说："我试试嘛！都13岁了，那么点事儿都做不来，将来还能有什么出息？"

王惟遂终于被儿子的志向征服，于是再次试探："你小学的课还有很多没读过呢，基础不牢啊。"

王启民连忙答道："白天让我上中学，晚上我回来补小学的课，三年下来，初中和小学我都念完了。"

就这样，父亲让王启民进了湖州中学。这所创立于 1902 年的学校，一直以来批准入学的条件非常严格，只挑选有潜质又聪明的孩子进行重点培养，再将他们送往更高的学府进一步深造，如今是浙江省首批 18 所重点中学之一。

升学后，王启民即刻感受到了学业的压力。身边的同学各个都是勤奋刻苦、成绩优异，与他们一比，自己丝毫没有优势。可在逆境中摸爬滚打本就是王启民擅长的，他凭着灵气与钻劲儿，将理科钻透钻细，成绩很快便赶上去了，初露锋芒，在学习过程中展示了过人的天赋与智慧。

整个学生时代，王启民都在埋头寒窗苦读，尤其到新中国已经成立，日本人也早被打跑了，社会得到暂时的稳定，正可以让他专注于学习。

1956 年，王启民完成了高中学业，与同学们一起参加高考。填写志愿表的时候，王启民反复斟酌，权衡利弊，知道自己的成绩算不上特别优秀，只能算中等偏上的水平，与一些擅长拿高分的同学相比尚有差距，选择一些热门的大学作为第一志愿明显胜算太小。面对激烈的竞争，王启民保持了冷静与低调，与家人反复商量之后，选择了当时相对冷门的北京石油学院——也因为北京石油学院刚建立不久，学费比其他院校低。这个选择为他今后的辉煌人生埋下了第一块奠基石。

人是环境的产物。现在回想起来，苦难就像一所学校，让王启民从小培养了坚强的意志和坚韧的品格，从而奠定了将来成长为"新时期铁人"的良好基础。

# 铁一般坚定的报国志向

1957 年,王启民成为北京石油学院的大一新生。

这一年也是我国第一个五年计划的最后一年,党中央、国务院对发展石油工业非常重视,朱德、邓小平、陈云、叶剑英等中央领导人先后到我国第一个天然石油基地——玉门油矿考察。

第一个五年计划结束时,石油工业的成绩没有达到合格线。全国探明的天然石油工业储量只有 0.56 亿吨,1957 年在全国很低的石油消费总量中,国产油只占 38%,进口油高达 62%。当年为进口石油花了 1.34 亿美元,占国家进口用汇总额的 7%。

据《工业学大庆始末》一书披露:1957 年 7 月,石油工业部西安地质调查处根据石油工业部的指示,派出了一个由 7 人组成的地质综合研究队奔赴松辽盆地。这个队的编号为 116 队,邱中建任队长。该队的任务是在地质部松辽石油普查大队工作的基础上,专门搜集松辽平原的地质资料,整理汇编各项综合性图幅进行研究,提出初步含油评价与下一步工作意见。

经过半年多的工作,他们得出的结论是:松辽盆地是一个石油地质条件优越、含油远景极有希望、白垩纪松花江系地层生油储油良好的盆地。

彼时,虽然我们的民族得到了解放,但在外国人眼里,中国人似乎永远都是"东亚病夫",科技落后,经济落后,人民生活水平同样落后。作为一个石油专业的莘莘学子,王启民有段时间非常排斥上街。由于汽车燃油短缺,北京城里的许多公共汽车顶部都背了个大气囊。好像蜗牛的壳。那气囊里装着煤气,即以煤气代替汽油、柴油充当公共汽车的燃料。储气袋容积约 11 立方米,一般可供汽车行驶 30 公里,但故障率也比较高,用当时流行的顺口溜来讲:"一去二三里,抛锚四五回,下车六七次,八九十人推。"

人没饭吃会贫血,国家没有石油也会贫血,贫血就会被人欺负。每看到一次煤气公共汽车,王启民这心里就会"咯噔"一下,很不是滋味。

1959年9月,王进喜出席甘肃省劳模大会,被选为新中国成立10周年国庆观礼代表和全国"工交群英会"代表。休会期间,王进喜去参观首都"十大建筑"。那是他第一次到北京,看到大街上的公共汽车顶上背个大气包,曾奇怪地问别人:"背那家伙干啥?"

人们告诉他:"因为没有汽油,烧的煤气。"

听了这话,他感到一种莫大的耻辱,这位坚强的西北汉子竟蹲在街头哭了起来。

王进喜、王启民,两个年龄相仿的年轻人,尽管当时前者已经是享誉全国的劳模,而后者还只是一位默默无闻的大学生,但两人满脑子都是为国分忧、为民族争气的思想。也正是这种背着大包袱的煤气车,激发了国人立志甩掉"贫油国"帽子的豪情壮志。

不仅仅是公共汽车,全国不少工厂由于缺少汽油、柴油、机油、润滑油而处于停产、半停产状态。在国家遭受内忧外患的大时代背景下,王启民更加发愤图强。学习之余,他最喜欢看励志书,对"冯如造飞机"的故事如数家珍:

"冯如是广东一个农民家庭的儿子。12岁那年,他要出国谋生,父母舍不得他走,他说:'大丈夫四海为家,一辈子守在家里,不是我的志愿!'他来到美国,刻苦学习机械、电学等各种知识和技术。1904年,他听到祖国的东北被日俄侵略、中国人被任意屠杀的时候,气愤极了。当时美国莱特兄弟刚发明了飞机,冯如就想,如果中国有了飞机,守住边疆海口,外国人就不敢来欺负了。他对朋友们说:'我决定自己研制飞机,然后驾机回去,报效祖国。如果不成功,我情愿去死。'于是他四处搜寻资料,钻研学习,又用筹集到的很少一点资金,开始研制。父母亲想他,希望他回国探亲,他表示:'飞机不成,誓不返国。'1909年,冯如成功地造出了飞机。他驾驶着自己的飞机在美国奥克兰上空飞行,航程超过了莱特兄弟的首次纪录。美国报纸刊登文章说:'中国人的航空技术超过西方。'冯如后来回国筹办航空事业,在一次飞行表演中因飞机失事不幸牺牲,年仅29岁。他为振兴中华作出了令人难忘的贡献。"

无数个夜晚,王启民仰望星空想象:如果能像冯如造飞机那样,造出一个大油田该多好啊,那些欺负我们的人、瞧不起我们的人,到时都靠边站去吧。

可是,大油田没被发现,坏消息先来了。

当年刚进大学不久,"大跃进"和"反右倾"已袭卷整个中国大地,王启民的父亲在他上大学的第一年就被打成了"右派"。当时高等学府的气氛尤其紧张,王启民明白自己一不小心很可能也会被定性为"右派"、"臭老九",因此做人愈发低调,不多说一句话。在这个浮躁而荒诞的特殊时期,他只埋首于学业,恨不能成为"隐形人"。

他内心里也有恐惧,每每班级里有"右派"被揪出来,他便惊出一身冷汗。有一次,班里搞小组讨论,组长说一定要完成揪出"右派"分子的任务,王启民坐在一旁沉默不语,暗暗祈祷自己别被揪出来,倘若这次被定性为"反革命",恐怕下半辈子都不会好过。巧的是当时班上有位同学无意中写下"皇天后土"四个字,被发现了,于是那位同学就被打成了"右派"。王启民对那同学充满同情,但又为自己无力相助而苦恼。他只能忍下这一切,将每天的大半时间都泡在图书馆里。

就在王启民如履薄冰的大学生涯里,爱情竟悄然而至,与他同校的北京学妹陈宝玲主动向他示好。那时王启民觉得自己能安安稳稳地读完大学就已经是大幸了,找对象是根本想都不敢想的。可正是他身上那股子沉着坚韧吸引了陈宝玲。

陈宝玲与王启民头一次"套近乎"是在去图书馆的路上,两人恰巧并肩而行。当时王启民依然保持着低调谨慎的态度,沉默不语,陈宝玲却主动打了招呼。

"我叫陈宝玲!"

"嗯,我知道。"王启民略显木讷地点点头。

"知道啊? 我还以为你不认识我呐!"陈宝玲面上带笑,却也直言不讳。

"怎么会呢? 咱们是同班同学嘛。"王启民也笑了,觉得眼前这姑娘脾气挺爽快的。

"那你怎么好像从来不正眼看人呢? 是看不起我吗?"陈宝玲不依不饶。

"怎么可能?"王启民果然"中招",急忙解释,"现在只有别人看不起我的分。"

"这么自卑? 因为你父亲被打成'右派'的事?"陈宝玲的神色也严肃起来。

"这你也知道啊?"

"当然啦。你这段时间很抑郁,我早看出来了。"

王启民心里一阵感动:"哦,为什么呀?"

"因为你优秀,听说在中小学里你都是跳级生,这么优秀的人怎么还整天愁眉苦脸的? 一定有原因,所以一查就知道是令尊大人出了问题。"

陈宝玲坦率得让人吃惊,同时也在王启民心中留下了美好的印象。

"如今遭这份罪的不只你一个,你看天下不幸的人太多了。其实不幸不在于事情本身,而在于你如何感受。再说了,不死就得忍!"陈宝玲继续劝道。

陈宝玲的见地让王启民颇为吃惊,就忍不住问她:"咱们年纪一样,怎么你的思想境界要高出我一大截呢?"

陈宝玲也不隐瞒,笑道:"哪里啊! 那都是家父的见解! 下次你也去见见他老人家吧!"

此后,两人一起去图书馆看书,一起去食堂吃饭,开始了形影不离的亲密交往。但王启民一想到已成"右派"的父亲,心里仍然顾虑重重:他一个"右派"的儿子,怎么能谈恋爱呢? 万一连累了人家怎么办? 一时间,王启民心如油煎,甚至忍了很长一段时间不和陈宝玲说话,在人前开始假装冷漠。

陈宝玲自然是看透了男友的心思,她主动伸手戳破了两人之间的隔阂,同时也消除了王启民的忧虑。她对王启民说,自己的父亲也是教师,和他的父亲是属同业中人,而且父亲素来最欣赏心地纯正、勤奋学习的青年人,她相信王启民就是这样的青年。他被苦苦压抑着的热情和才华总有一日会显露出来,闯出另一番天地。

就这样,王启民怀揣忐忑不安的心情,脚步迟疑地去了陈宝玲的家。

不曾想,他却受到了陈家的热情接待。陈父也是个吃粉笔灰的教书匠,与王启民的父亲是同行,这让王启民顿时心生亲切感。

陈父与王启民聊起当时复杂的政治局势,说道:"当今的时事虽有些过头的地方,可我们要相信党一定有能力解决这些问题。邓小平在八大报告中就提出了反对个人崇拜的问题。他说,个人崇拜是一种有着历史渊源的社会现象,这种现象也不会不在我们党的生活和社会生活中有它的某些反映。我们的任务就是继续坚决执行中央的方针,反对突出个人、反对为个人歌功颂德,真正巩固领导者同群众的联系,使党的民主原则和群众路线在一切方面都得到贯彻执行。"

然而,王启民想到自己家庭的处境,情绪依然有些低落。

陈父自然清楚王启民的忧虑,神色不禁凝重起来。

王启民也发出一声叹息,不免为前途感到忧心忡忡。

陈父察觉到王启民心中的不快,便语重心长地说道:"其实人生有很多路可以走,就看你如何选择。像你们学理工的并不一定非得去关心政治,只要把自己的专业技术学好,将来有一技之长,能很好地服务社会,不是很好吗?"

王启民回道:"可有时是身不由己,大环境逼着人人都得关心政治,我怎么能游离集体之外呢?"

陈父听后颇为感动,赞道:"你有这样积极的人生态度,是极为可贵的。那没问题,你可以积极参加班里的各种活动,甚至是学校及社会活动,表现得不卑不亢,或者很积极也没关系。但有一条,一定不要多说话,尤其是反面意见的话千万不能乱说。人为什么长两只耳朵、一张嘴?就是要多听少说!"

一席话令王启民如醍醐灌顶,他由此掌握了如何撑过这段特殊岁月的"法宝"。此后,他也一直是这样去做的,并因此避过了无数风浪。

陈父的知性与健谈令王启民想到自己的父亲,距离骤然拉近;陈母更是善良和蔼。一顿饭吃下来,两老都对王启民印象颇佳,认为自己女儿的眼光不错。

尤其是陈母,私下还对女儿说:"南方人都体贴细致,会疼老婆,选他肯定没错。"

其实,即便没有父母的支持,依陈宝玲的倔强和痴情,也必定不会回头,爱情的火种一旦燎原,便无可收回。此后,在王启民与陈宝玲几十年的牵手途中,有过矛盾,有过分歧,也有过争论,却始终两手紧握,从未分开。

1981年,作家古华写了长篇小说《芙蓉镇》,描述了一段逆境中的动人爱情:女主人公胡玉音与被打成"右派"的男主人公秦书田不顾环境压力,勇于追求自己的幸福,结成"黑鬼夫妇"。陈宝玲与王启民也在那个年代上演了一出"高校知性版"的《芙蓉镇》,眼前逼仄的氛围竟令两颗心走得更近了。

他们知道,唯有在苦难中滋生的爱情之花,才能开得灿烂,开得长久。

在陈宝玲父亲的引导下,王启民的眼界变得开阔起来,也更易接受新思想与新观念。他的谦逊、务实与忠厚博得了陈父的好感,以至于还未结婚,陈父便几乎将他当成了半个儿子。王启民当时还是学校的举重运动员,学习之外就时常在训练场上挥汗如雨。陈父听闻后也经常去训练场探望他,这种关心令他终生难忘。

而此时,王启民家中却正在经历更大的磨难:父亲被打成"右派"后便失了业,病得奄奄一息;家中没有收入,两个弟弟初中没毕业就只好去工厂上班;妹妹骑自行车的时候不小心掉进水里,没钱及时治疗,竟落下终身残疾。虽然厄运一次次地敲响王启民一家的大门,但王启民却愈发坚定信念,他要改变现状,改变未来。他相信命运不是无法改变的,机遇与奋斗都能令宿命中途拐弯,朝着康庄大道一路走去。

# 生日那天发现了大庆油田

1959 年 9 月 26 日,一个不平凡的日子。

历史上的 9 月 26 日,是苏联生理学家巴甫洛夫的生日;1922 年诺贝尔生理学及医学奖金获得者、英国生理学家阿奇博尔德·希尔也在那一天出生;英国著名诗人托·史·艾略特、德国哲学家马丁·海德格也都是在这特殊的一天用婴儿的啼哭声叩响世界的大门。

1959 年 9 月 26 日,也是王启民 22 岁的生日。

这一天还是一个石破天惊的日子,今后将永久地定格在共和国史册上:大庆油田发现的第一口油井——"松基三井"喷出了宝贵的黑色液体,被外国人称为"贫油国"的中国发现了一个世界级油田——大庆油田。

1960 年 2 月,中共中央批准了石油部关于在松辽平原开展石油大会战的请示报告,同时决定调 3 万退伍军人参加。

在此之前,外国专家对陆相生油的前景不予看好,认为中国会被资源匮乏所累,无法带动整个经济发展。然而,当时王进喜带头与一群青年人踏上了那片荒芜的土地,顶着酷寒,凭着毅力,用双手打出了油井。

这是真正的拓荒,令人不由联想起美国的西进运动。为了将原本荒凉却又富饶的土地进行完善的开发,1862 年,美国总统林肯颁布了《宅地法》,规定年满 21 周岁的公民从 1863 年 1 月 1 日起,只要支付 10 美元就可以获得一大块土地,但必须在这片土地上耕种 5 年以上才能获得真正的持有权。此举吸引了一大批壮志满怀的年轻人,他们带着一颗颗雄心来到这片辽阔的土地上,亲手建造自己的家园。俄勒冈、加利福尼亚这些原本荒无人烟之地在短短 100 多年内便被开拓为乐土。后来好莱坞将这段历史拍成了无数电影,其中最具代表性的是《巨人传》,由詹姆斯·迪恩饰演的男二号杰特,本是个玩世不恭的牛仔,却毅然拒绝向农场主出售自己的土地,后来他在那儿掘了油井。当"液体黄金"从井口喷薄而出的时候,他知道自己的命运将从此奏响凯歌。

然而,"松基三井"喷出的石油比杰特个人的成功更伟大千百倍,这意味着中国人摘掉"贫油"的帽子已经为时不远了。

当时整个北京石油学院也正为大庆第一口油井出油而欣喜若狂,血气方刚的学子们有一种给"中国贫油"抢一记响亮耳光的快感,大伙儿都希望能去那里干出一番大事业,将青春和热血洒在那片土地上。他们通过集体请求,准备去大庆实习。

恰巧和大庆油田同月同日诞生的王启民,当时的那种兴奋与期待是常人难以理解的。王启民觉得这个惊人的巧合冥冥中必定包含着某种特殊意义,所以他愈发踌躇满志。

关于"巧合"与"成就"之间存在联系的故事非常多,其中最典型的当属2003年美国探险运动员阿伦·罗勃斯的传奇经历。

当时年仅27岁的阿伦在峡谷探险时,不幸被圆石夹住右臂,整个人卡在石缝中动弹不得,而身边只有极少量的水和食物。一块石头把一个七尺男儿活生生吊在岩缝里,这场景既滑稽又无奈。有些太巧了,石头那么准就落在那段岩石空隙里,而且刚好只夹住他的手臂,于是阿伦哭笑不得地等待救援,同时又要保存体力、节省食物,还得自行调节心理状态,避免精神崩溃。在这种恶劣的环境下,阿伦整整支撑了127个小时!最后,他拼着命切断自己已挤压成一块死肉的右手臂而脱险。阿伦在这127小时里经历了非人的精神折磨与肉体折磨,仿佛上帝伸手将他按进死角里待了一会儿,又松开了。阿伦由此得到了更丰富的求生实践经验,此后竟用剩下一只左手的身躯攀登了58座高峰!

可见"巧合"背后的艰辛与转机,有多神秘刺激!

正所谓好事多磨,王启民已决定要去大庆,而陈宝玲的志向却不在荒郊野外,她想成为地质科学家。

两人在对未来的选择上出现了大分歧。

陈宝玲当时劝王启民:"你知道留在北京是不容易的,而我们却很有条件留在北京……"

王启民当即打断陈宝玲,说道:"可是你不要忘了,北京有油田吗?搞石油的不去油田,能有什么成就?"

"成就?"陈宝玲的倔劲儿也上来了,不禁与他争论,"你也应该知道条条道路通罗马这个道理呀,在北京容易成就大业。北京是首都,是祖国的心脏,这里人才济济,起跑线都比别的地方高出一等,你不觉得这会事半功倍吗?"

"成就大业? 那是什么大业?! 天下大业太多了,你能个个都去成就? 你学的是什么? 丢下大业,去干别的,干得再好也还是人家的尾巴! 人家都是扬长避短,你倒反过来,扬短避长。宁做鸡头不做凤尾,松辽固然艰苦,可我们到了那儿就是排头呀!"王启民这一番话就是要告诉陈宝玲,他立意已决。

陈宝玲还只当王启民是一时头脑发热,就回家跟父母商量,欲借父母之力说服王启民留在北京。

母亲当然是向着自己女儿的,留在北京,等于留在自己身边,那是最让老人家放心的。可陈父却没有当即表态,他了解王启民,知道启民是个有志向的人,不会轻易被左右,更何况松辽基地是可以让年轻人大展拳脚、实现理想的最佳舞台,怎么也不能被一点小小的个人利益束缚住了手脚吧?

陈父将女儿叫到面前,问她:"宝玲啊,你觉得启民这个人怎么样?"

宝玲脱口而出:"这还用问? 你们觉得怎么样,女儿就觉得怎么样。爸爸,你什么意思?"

"我觉得他是个大才,应该得到充分发展。知道吗? 大才是压不住的。他总会找到突破口,何不因势利导、任其发展! 而且辅佐大才也是功德无量啊。"陈父也对女儿掏心窝地说。

陈宝玲经过认真思考后,听从了父亲的建议。

1960年4月1日,王启民和陈宝玲参与的北京石油学院赴松辽会战实习团,一行150多人浩浩荡荡地北上,投入了石油大会战。

当时的萨尔图只有十几口油井,茫茫草原上,树也没见几棵。王启民因为是大学生,井队非常重视,分配他到大同地区的试油队,做动态石油地质调查,检测可采石油储量;陈宝玲则去了地质指挥所,也就是现在的大庆石油管理局勘探开发研究院。

一个搞理论实验,另一个做最实际的地质调查,工作性质很不一样,但王启民至此才觉得找到了自己的位置。

从前在象牙塔里学到的知识果然不够,第一天上班时连油井在哪儿都找不到,只能踏过结冰的地面一步步寻找。作为"菜鸟",王启民终于意识到亲临现场的重要性,别说"没吃过猪肉,好歹也见过猪跑",很多事情就是必须亲身尝试过了才能有直观深刻的体会。所以王启民的劲头上来了，他拒绝和大伙儿一起住在离井场几公里远的老乡家，宁愿一个人待在锅炉房里。

冬天气温太低，要有人不断给井口加温才能正常出油，王启民就把锅炉房当成自己的家。锅炉房里太过潮湿，天又冷，很快王启民便感到腰部发酸，这种情况随着他工作时间的加长而日渐严重。然而王启民到底年轻气盛，对自己举重运动员的身子骨又充满自信，竟也没太在意，继续每天上井收集数据，给工人培训基础知识，一个人在空荡荡的锅炉间里看资料、分析数据。

他沉迷于这项工作，就像为自己的人生找到了一个支点。

会战初期，在短短3个月的时间里，4万多人的队伍一下子集中到荒无人烟的大草原上，居住条件十分困难。几千台设备在大草原上运转，连个修理设备的房子都没有，广大职工住在简陋的帐篷、木板房、牛棚、马厩里。在如此严寒的地区，众多的职工和大量的设备若没有可靠的御寒手段，到了冬天就可能冻伤大批的人，甚至会冻死人，也可能冻坏大量的设备。如果遇上当地群众都害怕的"大烟炮"暴风雪，很可能使会战陷入全局瘫痪的境地。

有人曾向会战指挥部提议，如果冬天实在过不去，可以在入冬前把队伍和设备撤到哈尔滨、长春、沈阳、抚顺等地，来年春天再开上来。

对此，余秋里权衡再三，感到不能走这条路。会战的有效工作时间一年只有6个月左右，如果这样做，党中央批准的这场大会战，就会变成拉锯战或消耗战，势必会推迟油田开发的时间，给国家带来更大的困难。

怎样能既坚持会战，又保证会战队伍安全过冬呢？当时黑龙江省省委第一书记欧阳钦向余秋里和康世恩建议：有一个办法，就是搞东北老乡那种"干打垒"。这种房子，一可以就地取材；二可以人人动手，来得快；三可以节省木材；四是冬暖夏凉。

所谓"干打垒"，就是北方农村都有的、最简便的用土作原料建筑的房子。这种房子在东北尤其被普遍采用，除了门窗和房檩需要少量木材外，墙壁就地取土，把土装入活动木板内，用木夯铁杆分层夯实，房顶用当地的羊草绺成草把子作垫层，上覆泥巴抹光而成，取暖则用火墙或火炕。这种干打垒看起来土气，但厚墙厚顶，结构严实，防寒性能好，暑天也不太热，适合居住；且施工简单，操作容易；特别是就地取材，随处可建。

经过深思熟虑，会战领导机关果断地决定：不管西伯利亚寒流如何凶猛，不管冬天何等严寒，会战的队伍一定要像解放军在战场上一样坚守阵地，在大庆油田上一支队伍也不许撤走，钻井一刻也不能停，输油管一寸也不能冻，人一个也不能冻伤。

同时，油田基建指挥部迅速调查总结当地干打垒的施工方法，油田设计院提出干打垒的标准设计，供应指挥部准备木房架、苇席、油毛毡及少量砌炕口的红砖。各级领导干部分工负责，充分发动群众，在搞好当前生产的同时，抽出一切可能抽出的人员和时间，开展一个"人人打干打垒"的群众活动。

在各级领导的动员和组织下，一场过冬突击战很快在整个油田展开。于是，大家一起造了干打垒，改善了居住条件。

一来就住锅炉房的王启民已经在那儿坚持了五六个月，井队指导员关心他的身体，可王启民作为南方人的疏忽之处又暴露了。他不懂新盖的房子里要盘火炕取暖，仗着自己比普通人抗寒这一条，竟然只是把长条凳换成行军床，就这么凑合着住下了。

半年之后，他的风湿病不但没有好转，反而恶化，竟令他变成了"罗锅"。

此后，萨尔图草原上总会出现一位佝偻着身子的年轻人，在油井前转来转去地抄数据、查仪表。

当时的葡 4 井是葡萄花油田发现油流的第二口井，王启民所在队的任务就是取全、取准 20 项资料和 72 个数据，以便对油层情况做出准确的判断，为领导确定勘探方向提供依据。葡 4 井位于水泡子边上的涝洼地里，为了取好资料管好井，王启民不顾夏天蚊子叮咬，和工人一起在井上工作。晚上干打垒周边有野狼"呜呜"的叫声，他依然大着胆子拿着手电筒、木棍，背着小军包去队里开会。稍有闲暇，他就和工人进行技术交流，一起解决油井生产问题。

正值三年自然灾难期间，食品短缺得厉害。尤其到了 1960 年的 9 月、10 月，在全国粮食供应紧张的情况下，会战职工的粮食定量不得不减下来。钻井工人的粮食定量从每月 28 公斤减到 22.5 公斤，采油工由 22.5 公斤减到 16 公斤，干部、专家等一律减到 13.5 公斤。同时，副食品明显减少，肉食几乎没有供应。

王启民毕竟年轻，有时加班到半夜实在饿急了，就跑到野外捡些被扔掉的白菜根，用小刀切了放在饭盒里，用水煮着吃。

此时，上级又下达了葡 5 井的试油任务。这口井不能自喷，要自己竖井架。王启民和工人们一起手拉肩扛地竖起了井架，经过 5 个月的艰苦努力，终于圆满地完成了这口井的试油任务。

1960 年 6 月 17 日，王启民收到湖州老家发来的电报，被告知父亲去世的消息。王启民很想马上回湖州,为含辛茹苦把他养大、又省吃俭用供他上大学的父亲尽最后的孝道。但眼下试油队只有他一个懂技术的,他一走,整个工作都要停下来。

这个时刻,谁离开会战现场,谁就是逃兵！王启民想到这里,只能强压悲痛给家里发了封电报,请老家的亲友帮助料理父亲的后事,自己默默地继续工作。

8个月的实习生活,王启民全身心投入了葡 4 井的试油工作中,繁忙到没有时间给陈宝玲写过一封信。

年底,会战工委把葡 4 井命名为"标杆井",王启民所在的队被评为"红旗一级队",他本人也成为唯一获得"二级红旗手"称号的实习生。

# 郎心如铁奔大庆

　　王启民和实习的150多名同学经历过大庆的历练之后，完全受到会战热潮的洗礼。王启民将首车原油外运的情景讲述得绘声绘色：当时萨尔图铁路两侧竖起了"凯旋门"，门柱高约6米，大红色门柱上彩旗飘扬，成千上万的人在"凯旋门"下欢呼；火车头上挂着毛泽东的相片，用鲜花彩带环绕，照片上方是党徽，照片下方是横向牌匾，上书"庆祝首车原油外运"。

　　1960年6月1日，中国终于实现了石油自给。

　　至此，中华人民共和国摘掉了"贫油"的帽子，从此可以毫无后顾之忧地推动经济发展了。

　　王启民沉浸在这巨大的喜悦中，也坚定了要留在大庆的信念。陈宝玲返回北京的时候，母亲试探了她的心意。

　　"宝玲，你们去实习的地方怎么样？"

　　"很好啊！领导对我很重视，技术座谈会上还点着名让我回答问题。"陈宝玲显得兴致勃勃。

　　"点着名提问算啥？在学校，老师天天提问，答不上来哭鼻子，那也叫重视？指不定是难为你吧。"母亲马上嗅出女儿的心思变动。

　　"妈！瞧您说的，女儿有那么低能吗？别忘了女儿可是高材生，到哪儿都是拔尖人才！"陈宝玲显然不服气了。

　　"既然如此，怎么变得又黑又瘦？才8个月，整个人变了样了，比在学校答不上题还受折磨吧？"母亲心疼地看着女儿。

　　"妈！这可是两个概念，答不上题是心理受折磨，怎么会又黑又瘦？"陈宝玲挺了挺腰板。

　　"那你是怎么变瘦的？"

"条件不好呗，风吹日晒，早出晚归，吃的又差，还能不黑不瘦？"陈宝玲直肠直肚，如实回答。

陈母立马打蛇随棍上："说实话了吧？新开垦的地方肯定很苦，你不说，妈也清楚的。尝到苦头了吧？毕业后还去那个地方呀？"

"不去怎么办？"看来陈宝玲根本没想过要换地儿。

"怎么办？在北京找工作呀！就你的成绩，留北京还成问题吗？努努力，留校都有可能。"陈母显然急了。

"妈，不是那么回事，东北虽说艰苦，可那里是大有作为的。学石油的，不搞石油行吗？搞石油就必须到松辽去！"陈宝玲说话的口吻已经与王启民一模一样了。

"天！那可怎么生活？我想那边肯定苦，可怎么也没想到会苦到这种程度。那你还要回去？"陈母已急得跺脚。

"不回去怎么办呢？"陈宝玲还是这句话。

"参加会战不是自愿的吗？难道有人逼你？"陈母还是不死心地说。

这时，在旁一直保持沉默的陈父发了话："老太婆，你好糊涂！回不回去不取决于宝玲，而取决于启民！月亮围着地球转，地球绕着太阳转，这么简单的道理都不懂？其实你要问宝玲的是要不要跟启民走，这才是关键。"

陈父一语道破天机，陈宝玲母女竟一时无言以对。

"怎么没话了？"陈父又接着说，"我看宝玲就跟启民走吧，他留京，宝玲才能留；他铁了心去松辽，宝玲还能跟他散了？宝玲，你说话呀。"

陈父其实也是让女儿自己当即做出选择：是跟着王启民，还是自己去开创别的天地。

"说什么？没听宝玲说不回怎么办嘛？她不是没法子了么？你有主意还不快往外拿！"陈母就是急性子。

陈父沉吟片刻之后，笑道："我看，把启民叫来，跟他好好商量。若他能留下来，一切问题不都迎刃而解了！好儿女志在四方，启民的决定绝不是普通人的一己之利，他想的是国家的大利，恐怕很难说服，商量也是听听他的意见而已，绝对不能强加于他。"

于是，陈家两老将王启民叫过来，听他讲述这8个月的实习感受。

王启民一开口，便再也没收住。

他从"铁人"王进喜的故事讲起，表达了对王进喜的无限敬仰，这位楷模成为王启民心中的偶像。他津津乐道王进喜是如何与大家奋战三天两夜把钻机搬到井场的，讲述不到3个月时间实现原油外运的故事，讲述王进喜带着腿伤跑到井场坚持参加工作。他说:"大家都是血肉之躯,人家为国家能做到舍身忘己,到了我们这儿,怎么就怕苦怕累了? 再者,我们是搞科学研究的,在室内的时间还是多些,顶多是吃点苦,这样对比起来,我们不是太惭愧了么?"

陈父听完王启民一番话,当即支持王启民的决定,也鼓励女儿去那里与他一同奋斗。

1961年9月,王启民领到了大学毕业文凭。他与陈家经过慎重思考,终于带着陈宝玲一同重返油田,从此正式成为大庆的一员!

其实,跨出校门的王启民,摆在他面前的选择是多元的。父亲在他实习期间去世,家里有年迈的母亲和病残的妹妹,只要他申请回浙江老家,肯定能得到照顾。

他也可以留在北京,母校希望他留校任职,他的同学、恋人陈宝玲家也在北京。

可是最后,他抛弃了鱼米之乡的诱惑,舍弃了北京城的优越环境,说服陈宝玲一起奔向了祖国的大东北,奔向了魂牵梦萦的大庆油田,而这一去竟跨越了半个多世纪。

都说郎心如铁,其实在他心里,藏着一片波涛澎湃的海,沉淀着最深的感情。

那就是为国争光,为中国人争气。

回首当初的选择,王启民感到庆幸:他毕业那会儿,恰逢大庆油田会战正酣,这千载难逢的机会是多少人望眼欲穿都盼不来的。

更重要的是,8个月的实习生活让他的思想发生了深刻的变化。他深深地感到,一名青年知识分子只有投身到火热的社会实践中,自觉接受锻炼,才能使青春闪光,才能使才智得到充分发挥。

提及实习生涯,王启民印象最深的就是学习"两论"和"万人誓师大会","两论起家"和铁人精神铸成他人生搏击的双翅。

大庆石油会战是在"大跃进"、"反右倾"给国民经济发展造成严重困难的情况下开始的,当时4万多人,几十万吨器材、设备,一下子都涌到大草原上,生产和生活困难重重,特别是不具备独立开发大油田的经验。面对这种情况,会战领导小组以石油部机关党委的名义,于1960年4月10日作出了《关于学习毛泽东同志所著〈实践论〉和〈矛盾论〉的决定》,以"两论"为指针,开发建设好大油田。

4月26日,余秋里在会战领导小组扩大会议上指出:"毛泽东思想是我们全部工作的指针,'两论'是会战的灵魂。这两篇文章一定要很好地读,反复地读。读了毛主席的著作,就会感到头脑清醒,浑身是劲,就有办法;离开了毛泽东思想,就什么事情也搞不成。"

王启民回忆说:"那时候参加会战的每个人都把学习'两论'当成一件大事来抓,几乎人手一本。每到夜幕降临,大家便围着篝火学'两论',勾勒出好一幅'青天一顶星星亮,草原一片篝火红,人人手里捧《毛选》,'两论'学习方向明'的动人画卷。"

学习"两论",成效是显著的。《中国石油工业发展史》一文中写道:"职工们运用《矛盾论》关于抓主要矛盾的论述,一致认识到这困难那困难都是暂时的、局部的困难,而国家缺油才是最大的困难。上有困难,退下来,国家和人民的困难就更大。石油职工一定要为国争光,为民争气,为了国家和人民的根本利益,只能迎着困难上。'宁可少活20年,拼命也要拿下大油田',成为当时会战职工的豪迈誓言。1205钻井队队长王进喜,就是当时这种精神和品格的代表人物。"

"会战领导总结了过去的经验教训,指出石油工作者的岗位在地下,对象是油层。必须以'两论'为指针,在各项工作中,坚持高度的革命精神同严格的科学态度相结合,把人们的革命干劲引导到掌握油田第一手资料,探索油田地下客观规律上去,反对浮夸、脱离实际、瞎指挥。为此,一是要求在勘探、开发的整个过程中,必须取全取准20项资料、72项数据;二是狠抓科学实验,开辟开发实验区,进行10种开发方法的试验;三是抓综合研究和技术攻关,解决了一系列重大技术课题。从而编制了科学的油田开发方案,独创了符合大庆特点的原油集输工艺流程。"

大庆石油会战是靠"两论"起家的,它是科学理论与创业实践紧密结合的成功范例。直到今天,王启民还把它作为引导科学实践的宝典。

至今仍让王启民历历在目的还有万人誓师大会。1960年4月29日,大庆石油会战万人誓师大会在萨尔图广场(现大庆市第二十三中学)召开。大会由张文彬主持,余秋里做动员报告,康世恩发布第一战役战斗令。会上,"铁人"王进喜被评为油田会战第一个劳动模范,以他为代表的会战标兵胸戴大红花,骑着高头大马进入会场并绕场一周。当王进喜走近主席台时,余秋里带头高呼:"向铁人学习,人人争做铁人!"顿时,会场沸腾起来。

王进喜在人们雷鸣般的欢呼声和掌声中登上主席台。他说:"盼了多少年,大油田终于找到了。我们1205队一定要创造条件上,快安装,早开钻。没有水,尿尿也要开钻。石油工人一声吼,地球也要抖三抖!我们要把地球钻穿,让大油海翻个儿,把大金娃娃抱出来!"说到这儿,他摘下戴着的前进帽,举过头顶,高声说:"人活一口气,拼死干到底。为了把贫油落后帽子摘掉,宁可少活 20 年,拼命也要拿下大油田。"

台下的王启民那时候第一次见到王进喜,感觉却像已是旧识了。

榜样的力量在王启民的身体中产生了化学反应,他感到热血沸腾,浑身是劲。听着王进喜那些铿锵有力的誓言,他心想:王进喜,一个苦油娃成长起来的钻井队队长有这样强烈的爱国情怀,自己作为一个新中国培养的大学生,应该以他为榜样。从那时起,他就下定决心,要像"铁人"那样为祖国的石油事业奋斗终生。

"我们没觉得拿下大油田有什么问题。"王启民说,"谁参加了大庆会战,谁就能够理解这不是年轻人的张狂,不是心血来潮。那是一场能不能使新中国摘掉贫油帽子、落后帽子,从而自立于世界民族之林的大会战!石油是工业的血脉,如果血液能够代替石油,以'铁人'为代表的石油工人也愿意付出满腔热血。大概就是那个时候,我和油田的命运就紧紧拴在一起了,探索油田开发规律的使命也成了我人生中一个永恒的课题。"

　　"人拉肩扛、破冰取水、勇跳泥浆池",这是 50 年来几代中国人关于"铁人"王进喜的经典记忆。

　　何其相似,在"新时期铁人"王启民身上,我们同样看到了向着泥浆池"纵身一跃"的豪迈。

　　不同的是,他跳向的是充满挑战的"高科技泥浆池"。

　　10 年时间,王启民他们在 9 平方公里的油田中区西部实验区,在地层的夹缝里,在油和水之间,采集分析了 1000 多万个数据资料,根据"非均质"理论推进的"转移接替"开采方式,使大庆油田的原油产量在 1976 年达到 5030 万吨,跃入世界特大型油田行列。

　　跳进泥浆池的王进喜被烧出大量血泡;

　　跳进"高科技泥浆池"的王启民被定格于永远伛偻的腰。

　　两个人,都是一样的要工作不要命。

跳进『高科技泥浆池』

# 敢笑天下第一流

鲁迅先生曾经说过:"我们自古以来就有埋头苦干的人,拼命硬干的人,为民请命的、舍身求法的人……这就是中国的脊梁!"

在石油大会战大踏步前进的时代,一个个理想爱国者走来了。

1961年9月,王启民携手陈宝玲重返大庆。他们那会儿可能连自己都没有想到,这一走竟长达半个多世纪。

王启民被分配到油田地质指挥所开发室三组,主要在萨尔图中区西部生产试验区从事油田注水开发的研究试验工作。

这儿的环境比起实习时并没有多大改善,"天当房地当床,棉衣当被草当墙,野菜包子黄花汤,一杯盐水分外香",这是当时生活的生动写照。

一个南方人即将要适应北方的寒冷,习惯忍受饥饿的滋味,但王启民的内心是欢喜的:"生活清苦点、工作繁忙点怕什么,年轻人挺一挺就过去了。"与每一个奋斗在荒原上的人一样,他心中激荡着一腔报国宏愿。

然而,王启民的好心情很快就被打破了。由于中苏关系恶化,苏联单方面撕毁合同,并陆续撤走了专家。继而就有外国专家断言:"离开了我们,你们中国人不可能开发这样的大油田";"中国人开不了'三高'(石油凝固点高、含蜡量高、黏度高)油田,除非把大庆搬到赤道上去"。

傲慢无礼的取笑,激怒了血气方刚的王启民。他和几个同学围坐在一起,越说越气,为了表达心志,由王乃举执笔,写下了一副对联:"莫看毛头小伙子,敢笑天下第一流",横批"闯将在此"。而且把"闯"字里的"马"写得很大,已撑破了"门",意思是靠自己的力量,闯出我们中国自己的油田开发之路。

好一股初生牛犊不怕虎的气势!但是,上天仿佛有意要考验小伙子们的志气,油田的现状变得越来越严峻。刚刚起步的新中国石油工业,一无经验,二无外援,三是面临国际社会的封锁。当时油田一开始就采用注水开发,遵循的是国外流行的"温和注水,均衡开采"理论,即通过成排的注水井向地下注水,让水在地层均衡地向前推进,把油驱赶到成排的油井中再开采出来。

但是循着这条思路开发,出现了负效应:地层压力下降,产量递减。

1963 年,油田出现了注水 3 年一半油井被水淹、采收率仅 5% 的严重局面。而到此时,大庆油田的累计产量只有 1166 万吨,还不到当时探明地质储量的 5%。

内忧外患之际出现了大庆油田,全中国人都把它视为一颗初升的太阳,眼巴巴指望着它发光、发热,为国人带来希望,谁能接受它忽然一下子陨落?

当时石油部副部长康世恩听完油井水淹情况的汇报后,脸上乌云密布,他向在场的几百名油田技术人员指出:"开采三年,水淹一半,采收率不到 5%,地下埋了颗定时炸弹,请你们一定要挖出来。"

# 新的开采论和女儿一起出生

　　王启民毕业后一到大庆,就一头扎进了采油现场。白天与几个调查员到小队和井上调查、取资料,晚上回来进行数据分析,写观察报告,画油水变化曲线,还要自己动手刻蜡纸,自己完成油印和发送。

　　他总是夜以继日地在油田工作,根本没时间陪伴陈宝玲。来到大庆的第二年举行婚礼,也是简陋而匆忙的,而且还是陈宝玲主动提出与王启民在这样艰难的环境里成家。她说:"启民呀,我们也该有个家了。你身体不太好,结了婚,我就可以更方便照顾你了。你看你,每天都住在宿舍里,吃不好睡不好,这样下去,病会越来越重的。"

　　陈宝玲语重心长的一番话,令王启民深受感动,他立即向领导提出申请。

　　领导当然是同意的,还给小两口送上了祝福,这在大庆油田也是一桩喜事。可当时大家都住帐篷,只有总工程师和主要领导才能在砖房里办公。油田地质指挥所书记刘通刚知道后,为了照顾他们新婚燕尔,专门腾出一间砖房办公室给他们作新房。

　　新婚之夜,王启民向陈宝玲许下承诺,他一定会做个合格的丈夫,而且是一个光彩的丈夫! 他问陈宝玲:"你希望我在大庆油田干出点成绩吗?"

　　陈宝玲带着一脸幸福的羞涩回答:"当然! 你能在大庆油田干好,我当然希望啦。"

　　"那怎样才叫干好呢? 这个好要有档次的,你希望我好到哪一个档次?"王启民趁势追问。

　　"当然是最高档次!"陈宝玲脱口而出。她当然希望丈夫能在大庆干出一番大事业,事实上王启民的雄心壮志她早就看出来了,也早已下定决心力挺他。

王启民听到妻子这句话,眼神闪闪发亮,他一拍胸脯,道:

"好!咱们一言为定!"

此后,王启民便义无反顾地去了试验现场,经常是长时间不回家,任陈宝玲独守空房。

1963年11月,王启民夫妇所在的油田地质指挥所从萨尔图搬到了让胡路。当时陈宝玲已经有孕在身,正在三组研究沉积相,而且当时让胡路那边居住条件也不是很好,刘通刚书记便找王启民商量,让他一个人先搬过去。王启民搬到让胡路以后,继续将精力投入紧张的油田地下动态分析中,根本没时间去萨尔图照顾大腹便便的陈宝玲。

当时的油田还没有为产妇接生的条件,领导让陈宝玲回北京生产,她父母也更方便照顾她。陈宝玲当然指望丈夫能将她送去北京,可大庆那时还没有直达北京的车,要先到哈尔滨,再转车去北京。陈宝玲便收拾好行李,等王启民回来送她。可一连好几天过去了,王启民连人影儿都没见着。一位老同学看到陈宝玲孤独无助的模样,便赶去找到王启民,提醒他妻子正在家等着呢。王启民满口答应,看上去也非常心急,但还是一直闷在办公室里写了3天的十大试验年终报告,这才连夜回家,第二天一早把陈宝玲送到哈尔滨。

陈宝玲已经隐约感觉到腰腹异常沉重,快要生了,所以在车站附近先找了一家卫生所做检查。医生检查后,说她随时可能生产,建议他们就留在哈尔滨,随时等候。夫妻俩当时的心情是既紧张又矛盾。陈宝玲知道丈夫是左右为难,既牵挂孩子出生的事,又时刻惦记着没写完的试验报告。她为了平抚丈夫的不安,只得跟他说:"你回去吧,我一个人去北京就可以了,反正车子坐一天就到了。"

王启民听后差点落下泪来,心中无比内疚。他也知道妻子不忍心看他为难,可还是牙一咬,又赶回试验室去了。

事后与王启民提起这个事,他依然面露感激的神色,为自己娶了这么一位体贴的好妻子而倍感庆幸。

而陈宝玲上了火车之后,腹痛难忍。同车乘客发现她吃力的样子,劝她赶紧下车找医生。陈宝玲心里也很害怕,只好拖着沉重的身体走出锦州站,叫了一辆三轮车把她送到锦州铁路医院。临产前,她想把情况告诉丈夫,但转念一想,他知道了也来不了,反而让他着急,就没有通知王启民。一个孤独的孕妇就这样生下了他们第一个爱情结晶。

　　三天后,陈宝玲抱着新生的女儿锦梅离开锦州,回北京坐月子。她本该指着丈夫的鼻子痛骂他无情,或者在娘家涕泪滂沱地诉说苦难,告诉母亲她当年说"南方人疼老婆"的推断完全错误,可陈宝玲什么都没说,坐完月子后又回到大庆。

　　王启民回忆起那段往事时,满脸愧疚:"这个你说啥也不行了,你跪在那儿也不行,事情发生了,对不对啊? 她理解是理解,生气还是生气。"

　　万幸的是,与女儿一起来到世界的,还有王启民脑子里一个大胆的构想。

　　经过刻苦的研究,他对油层系统、油水分布规律有了较全面的了解。大庆油田是一个非均质严重的多油层油田,在油层平面上和油井的纵向上,渗透性的不均匀性是客观存在的,只有因势利导,采用接替稳产的方法才能把油田开发好。那种认为只要注水就可以把油挤出来的"均衡开采"论和限制注水强度的保守的"温和注水"论,都是脱离实际的,应该破除。

# 异想天开和脚踏实地

对油田的开采试验一直持续到 1965 年底，其间虽然几经探索改进，但始终摆脱不了"温和注水，均衡开采"的阴影，注水与水淹的矛盾依然存在。

1966 年初，在油田的技术总结会上，一直默默无闻的王启民顾不得人微言轻，发出了截然不同的声音："注 5 方水不行，注 10 方还是换汤不换药。温和注水不温和，均衡开采难开采。"

"温和注水，均衡开采"可是国际油田中屡试不爽的"金科玉律"，岂容随随便便就被推翻？

面对质疑的目光，王启民胸有成竹地说："从中区西部看，这里共有小层 45 个，厚的七八米，薄的不到 1 米，渗透率相差上百倍；而且同一油层里，主体部分厚几米，边缘部位只有几十厘米，差别也很大，注水井中各小层的吸水能力也相差上百倍。由于各个油层之间、同一油层的不同部位之间差异都很大，不均衡是绝对的，要人为地达到均衡是违反客观规律的。"

他形象地比喻说："古代打仗，排好队伍列好阵，成排地向前推进。注水开发也像这样排好队伍均匀地向前推进，不符合地下实际情况和开发规律。这就像两个人一起挑担子，厚油层像体力好的大个子，能挑 100 斤，薄差油层就像体力差的小个子，只能挑 10 斤，'温和注水'让大个子和小个子都一起挑 10 斤，说这才公平，这怎么行呢？"

据此，王启民得出结论："我们只有充分利用油层与油层之间、同一油层的不同部位的非均质特点，因势利导，逐步强化，转移接替，才能保证油井高产。具体地说，就是首先要合理发挥高渗透主力油层的作用，随着油井见水，含水上升，要逐步提高这类油层注采强度。在油田开发前期，让主力油层多出油、出好油，适时夺取高产。在此基础上，再通过分层注水或其他措施,加强对其他油层注水,令其发挥作用。"

有理有据,闪耀着辩证法光芒的一番话,让听的人入耳入心。这并不是异想天开,只有经过无数次钻研,对油水井情况了如指掌,才敢向权威人士的理论挑战。

破除权威,胆识过人,但有破也要有立,推断需用事实证明。"你'两论'学得好,讲得很有道理。要快些拿出证据,先带一个小组,大胆地试一试,我看没问题。"油田领导对王启民的独到见解十分欣赏。

行文至此,不由想到了电影《铁人》里面王进喜两句经典的话:"大知识分子,小知识分子,你们得抢,吃饭得抢";"05队就看你这个小知识分子的了"。

王进喜没有多少文化,但他却晓得一味地蛮干,并不能让乌黑发亮的原油哗哗地从地下喷射出来,找油找气的根本还是在于依靠知识、依靠科学。

铁人精神就是尊重知识,尊重科学。正是大庆石油会战一直倡导科学民主,王启民这个并不知名的年轻科技人员才能打破常规,与权威理论较上劲。

回忆起当年的"语惊四座"获得认可,王启民说:"在当时尊重知识、尊重人才的气氛下,特别有利于广大科技人员发扬独创精神,树立'敢想敢说敢干,严格严肃严密'的作风,勇于同世界先进技术较量,努力攀登油田科学技术的高峰。"

据《工业学大庆始末》一书介绍:"大庆油田会战指挥领导集体从一开始就树立了尊重知识、尊重人才的思想。大庆油田会战的科学研究队伍、工程技术队伍平均年龄只有二十几岁,总地质师、钻井总工程师、采油总工程师也只有三十几岁,是一支年轻的队伍。大庆党委对他们采取了'充分信任,大胆使用,严格要求,热情帮助'的方针。考虑到在'大跃进'和随后的'反右倾'、'拔白旗'等政治运动中,不少知识分子受到了不公正的对待,1962年7月10日,大庆石油会战党委主要领导在技术干部会议上正式宣布:所有受过批判、戴上'右倾'及'白旗'帽子的一律取消。当时有材料存档的,一律取出销毁,这叫'一风吹'。并明确指出:会战的技术干部绝大多数是在社会主义制度下长大的,接受的是社会主义教育,是为人民服务、为生产服务的教育,是拥护党拥护社会主义的,是劳动人民知识分子。党委规定:工作上的意见,技术上的争论,与政治混淆起来是不对的,技术干部对国家的最好贡献,就是在技术工作上做出成绩。在组织上,会战初期就设置八大总工程师,让他们有职有权地进行工作。各级领导干部要和技术人员打成一片,一起学习、一起工作、一起生活,增进相互间的了解。余秋里还多次鼓励技术人员要敢于发表不同意见,不要看着领导的脸色讲话。"

在许许多多的议论纷争中,王启民的观点受到极大重视。不等会议结束,油田领导当即决定让他搞试验。

王启民和研究组的同志选择了一口日产油从 60 吨降到 30 吨、含水量已上升到 60％的油田进行试验。他们开始对油层恢复注水,并逐步提高注水强度,每米油层注水量增加到原来的 6 倍,随后也逐步提高采液量,保持注采平衡,压力稳定。

奇迹出现了! 这口油井竟恢复了青春活力,日产量又回到原来的 60 吨,而且含水量竟然有明显下降!

这一成功鼓舞了实验小组,马上在油田进行大面积推广,培养出了 300 多口日产百吨以上的高产井,彻底扭转了当时油田生产上采油速度慢、含水上升快、产量稳不住的被动局面。一条中国式的注水开发的新路被闯出来了,王启民他们真正做到了"敢笑世界第一流"!

# 钻到地层里去

又是一次技术会议。

王启民他们兴高采烈地提交了试验报告，不想引起了激烈争论，会场形成了尖锐的对立，报捷会开成了批斗会，最后竟升格为政治问题。在所谓"战斗队"、"调查组"的干涉下，研究组被扣上"破坏生产"的罪名，宣布解散，成员下放。

"文化大革命"开始了。"造反"、"打倒"、"砸烂"之声弥漫整个大庆油田。

据资料记载，到 1966 年底，全油田共有 6000 多名干部被揪斗，占科以上干部总数的 90％。数以万计的一线生产单位的班组长、劳模、技术骨干，甚至家属标兵也受到批判。坚守生产岗位的工人，被辱骂为"只知生产干活，不懂路线"的"老瞎牛"。大庆油田的生产失去正常的指挥，受到严重的破坏。

王进喜也被揪到了批斗台前。造反派把他关进了"牛棚"，让他跪玻璃碴子，要他承认是叛徒、工贼，是"保皇派"。

任凭拳打脚踢，王进喜毫不服软。在一次批斗大会上，听到有人正声嘶力竭地攻击大庆、大庆红旗、大庆精神，正被"揪斗"的王进喜越听越气。他呼地站起来，怒声吼道："大庆是毛主席的大庆，是全国人民的大庆，谁敢反对毛主席，谁敢诬蔑大庆红旗，我们就一拳头把他砸到地底下去！"

运动还在继续。王启民依然谨慎，沉默寡言，除了工作上的沟通之外，很少开口说话。有一部分人知道他家庭成分不好，就死盯着他，期望他会暴露一些"恶行"。王启民巧妙地与之周旋，在努力工作之余尽量保护自己不受迫害。由于生活环境的恶劣，一些当年信心满怀的人开始退缩了，他们纷纷想法子,走的走、调的调,只有王启民没有走。他明白在哪里才最能发挥价值,同时他也知道凭自己敏感的"臭老九"头衔,根本就没有资格提出调换工作岗位。

陈宝玲也坚持陪着他,不离不弃。

即便如此,王启民还是逃不过被批斗的噩运,因为没写大字报,被说成是"走白专道路,想当资本主义的接班人"。他被狂热的红卫兵推出去批斗了11天。

人的思想就像广漠的夜空,要限制一个人的自由很容易,可要束缚一个人的思想,却如同改变昼夜一样不可能。在被看押的11天里,他的心焦多于痛苦,整整11天没有工作,不知道现在油井怎么样了? 总要回去看看呀! 于是王启民忍着,由着他们"揭发",到最后就因为他平常的寡言少语,完全没落下"口实"之故,竟然"揭发"不出任何东西证明他有反动思想。

别说是看押了,对于虔诚的科学家来说,即便是死,也不能禁锢求索的心灵。著名的数学家阿基米德在罗马军队进攻叙拉古斯国时运用自己的智慧帮助守城。他设计制造的滑轮铁链的抓钩,能把罗马船队的船只一只只抓到半空中摔下来,跌得粉碎。阿基米德的智慧使叙拉古斯城陷落推迟了3年。后来,由于城里的人疏忽大意,放松了警惕,罗马军队乘机悄悄翻过城墙,打开了城门。敌人冲进城,喊杀之声惊天动地。阿基米德没有逃,他的研究工作还没做完,坐在那里专心致志地画圆圈,计算着深奥的数学问题。一个喝得醉醺醺的罗马士兵持刀向他奔来,阿基米德这才抬起头来说:"我的朋友,在你杀死我以前,让我先画完这个圆圈吧。"可是,那个罗马士兵根本不管,举刀向他砍去。老数学家躺在血泊里,最后用微弱的声音说:"好吧,你们夺去了我的身体,可是我将带走我的心。"

那时候,年轻的王启民还算不上什么科学家,但那颗对科学虔诚的心却和阿基米德并无二致。11天后,老干部、老专家都成了"牛鬼蛇神",王启民这个"小虾米"已无足轻重,便被放了出来,下现场劳动。由于劳动没有监督,白天他便一口井一口井地检查生产情况,录取数据,晚上偷偷地画地下油水变化图表。

"文化大革命"对大庆油田开采工作的破坏渐渐严重。由于大庆生产指挥系统被打破,各项行之有效的生产制度和工作制度无法坚持,注水系统不完善,泵站生产不正常,该注水的不注水,新井投产大量增加,而注水量反而下降,油田的命运危在旦夕。

王启民一面接受"劳动改造",一面默默关心油田的状况。为了维护大庆正常的生产秩序,周恩来总理决定采取非常手段,对大庆油田实行军管,与余秋里、康世恩一同商议,起草了对大庆油田实行军管的决定,并得到毛泽东的批准。由此,大庆油田总算被保了下来,给处在困难中的职工和干部撑起了一把保护伞。

王启民夹缝求生,终于又回到了熟悉的工作环境里。

虽然实行了军管,但"文化大革命"的干扰和破坏,已经让大庆元气大伤。到1970年第一季度,已开发的萨尔图油田和1966年新投产的杏树岗油田生产形势陆续恶化,并发展到很严重的地步。据大庆油田对583口油井的调查,平均单井日产量下降7%,有61%的油井减产。与此同时,油井含水上升率高达6.78%,超过正常速度两倍多。1970年3月18日,周恩来在石油部军管会报送国务院的《关于当前大庆油田主要情况的报告》上批示:要保护好大庆油田,恢复"两论"起家的基本功。

这是一个春天的讯息。3月26日,距离周恩来的批示不到10天,大庆召开了与"文化大革命"以前相连接的第51次岗位责任制检查总结大会。10月,又恢复了由于"文化大革命"而中断的一年一度的油田开发技术座谈会。

但也就是这一年的11月15日,被诊断为贲门癌的王进喜永远闭上了双眼。

正如他的那句名言,"宁可少活20年,拼命也要拿下大油田",47岁英年早逝的生命,真的比普通人少活了20多年!

王进喜与世长辞之时,王启民牵头创立的石油开采新模式,又让沉浸于无限哀思中的人们看到了希望。"老铁人"的精神和未了的心愿,激励着后来者继承和担当,两代"铁人"神奇般地完成了交接。

当时,在王启民带领下创出的"因势利导,逐步强化,转移接替"的注采方法,打破了国外"温和注水,均衡开采"的传统观念,创出了大庆油田中低含水阶段保持油田稳产的路子,大长了中国人的志气。王启民认为:要使油田持续高产稳产,必须有一整套油田开发方法及配套的工艺技术做保证。其中,首当其冲的是必须搞清地下油层的分布状况。他设想能不能把地下的地质情况画成一张图,使千米之下的油层一目了然。

再完美的设想也比不上脚踏实地的实践。从1970年开始,王启民承担了大庆中区西部试验区的科学试验任务。这个只有9平方公里的试验区,是大庆油田的"窗口",他带领实验组的同志,捆起行李卷,开始了"钻到地层里去"的艰苦探索。

# 数着星星爬着坡

科学的路没有捷径,只有到实践中去探索。

为了给油田全面提高采油提供实践依据,王启民开始长年累月地泡在油田中区西部实验区。最初,他和试验组的同志住在中一队,因为房子小,五个人只能放三张床。为了照顾其他同志,他就天天睡桌子。后来,他们又自己动手支起了帐篷。由于冬天冷,夏天潮,结果他的老毛病——类风湿脊椎炎又加重了,腰和背时常疼痛难忍。但为了搞好试验,他忍受着病痛的折磨,硬是挺了过来。寒冬腊月的夜晚,大家都回家了,王启民觉得这正是查看资料、分析问题的好机会,一个人守在帐篷里。天冷,他就把别人的棉被拿过来,围成一个不透风的窝,趴在床上工作。

那年冬天,气温在摄氏零下30多度。王启民和试验组的4名同志顶着北风,坚持住在工地上,晚上经常被冻醒。由于休息不好,加上过度劳累,他的腰和背疼得厉害,整天躬着腰;手指头也不听使唤,连鞋带都系不上。有时疼得实在忍不住了,又不能让同事分心,他就想些美好的事儿,望着天上的星星一颗一颗地数。有一阵子,星星也数不成了,风湿病引起眼睛虹膜发炎,一发作起来,头痛眼也痛,直想往墙上撞。

打那以后,他更是把时间看作生命,紧抓试验区的工作,盼望早一天打开这个能够展示油田前景的窗口。

一起搞试验的同事回忆说:"20世纪70年代开始搞试验时条件太苦了,我们住在帐篷里,夏天又热又闷,蚊虫叮咬,身上总起包,冬天又冻得要命。夏天潮,冬天冷,王启民的腰病时常发作,经常躬着腰走路。有人说,你看这个'罗锅'多傻,搞什么试验啊,不等搞成功,先把自己搞死了,就是成功了,能得到啥?不管别人说啥,王启民该怎么干还怎么干。有两次,他的腰痛到直不起来,脸色苍白,满头是汗地坐在那儿,使劲用手支着腰,靠吃大量的阿斯匹林坚持试验。大家劝他回家治病,他却总是拒绝,说:'我是组长,能走吗? 试验这么重要,我也安不下心治病,等试验搞成了再说吧!'"

曾给王启民当过副手的黄宝堂回忆说:"1970年,我在一个井队当井长的时候,不知多少次看到他手拿笔记本,跑来跑去,弯弯曲曲地跑,路是直的,但他只能弯着跑。我还不止一次地看到,大冬天他坐在井口边,背上脚上裹着个破毛毡,全身上下油乎乎的。"

王启民的同事杨玉哲依然记得:"当时,他经常就是干完活,或者是干一干活,就让他爱人陈宝玲上去踩踩他的腰背,因为太难受了。"

王启民患上的类风湿强直性脊椎炎,在当时几乎是不治之症。那王启民怕死吗? 他是肉体凡胎,自然也会怕。童年差点被淹死,饥肠辘辘地跟着全家逃荒求生;而在大庆的时候,死神曾有两度与他擦肩而过。

一次是在会战初期,大伙儿日夜奋战在油田第一线,也没有什么娱乐活动,生活单调而忙碌。住的都是临时搭建的帐篷,电灯都是草草安装上的,很多都没有开关,王启民也不以为意,每次熄灯都把灯泡拧几下了事。一天晚上,电影放映队来了,大家特别兴奋,都想去看电影,所以吃过晚饭就往放映场跑。王启民也难得想凑这个热闹,可依然是最后一个走出帐篷的。

寒冬腊月来了放映队,确实难得,所以他一办完事,拔腿就跑,连灯都没关。走到半路又想起来了,于是折回来拧灯泡,一拧就知道坏事儿了! 他的手被灯泡紧紧粘住,一股热辣的电流咬住了他的神经! 他意识到自己触电了,已经从头麻到脚,死神之手悄然放在了他的头顶。王启民此时心情突然变得沉重,他几乎就要闭眼为自己做最后的祈祷……

可没想到忽然有了转机。王启民努力将另一只手支到身旁的桌子上,手指一触到桌沿,他就放心了许多。然而被电流冲击的身体还是止不住地摇晃,幸亏桌子是木头做的,脚上也穿着胶底的解放鞋,都是绝缘体。于是他竭力将身体往下沉,只要身子碰到地面,就能脱离危险了!

凭着这样的意念,王启民随着身体往后仰倒,那只一度被死神拽紧的手终于松开了灯泡。

重生的感觉真好!

事后提及这次脱险方式,他总是笑言:"这就叫因势利导!"

多年以后,他果然在油田注水技术上搞起了著名的"因势利导、逐步强化"方法。

王启民遇过车祸,虽然有惊无险,但也是一次难忘的经历。当时司机疲劳驾驶,王启民坐的车直接冲进了路边的深沟,沟泥很厚,把整台车给糊住了。

恍惚间,"死"这个字又在王启民脑中一晃而过,事故发生后那短暂的安宁令他心里发慌。

珍爱生命是每个人的本能追求,王启民对"死里逃生"有独特鲜明的看法:只要求生欲望强烈,就不该畏惧死神的靠近。科研工作也是一样,唯有强烈的工作欲望才能被成功紧紧拥抱。

猜想王启民有朝一日真正敲开死亡的大门时,定将是带着一脸从容满足的笑意。人的潜力是无限的,只要肯施展,就不怕被遗忘。

法国时尚杂志《ELLE》的前任总编辑让·多米尼克·鲍比在1995年突发脑中风,导致全身瘫痪,并陷入深度昏迷。20天后,他苏醒过来,却发现自己全身上下唯一能动的只有左眼皮。此后的时间里,他就靠着这只眼皮与世界沟通,交流思想,表达情感,并写了他的自传《蝴蝶与潜水钟》。本是近乎"行尸走肉"的人,却仍保持住对生命的热爱、对美好事物的深切渴求,这位挣扎在死亡线上的作家赢得了世人的尊重。并且凭着毅力在这种如时时潜在深海中的身体状态,他用两年时间走完了这段既残酷又美好的生命之旅。

可见人人畏死、渴生,所以勇者都不会向现实低头。

王启民也是一样。多年之后,他依然拿自己在鬼门关走了一遭的事情当笑话讲,继续佝偻着腰搞他的研究。

斗士就得保持豁达开朗的心境,才能全身心投入激烈的战事中。哪怕前景看似黑洞洞,也要上前杀出一条血路!

# 哪怕离婚也不离大庆

不管刮风下雨,还是冰天雪地,王启民常年盯着西部实验区,现场几乎就是他的家。当然,他难得也有回家的时候,每次回来都是满身疲惫,两眼红肿得像桃子,想解个鞋带都弯不下腰来。

陈宝玲总是一面为他脱鞋,一面唠叨:"启民,你这么年轻就成这样了,以后怎么办呢?你不替我和孩子想,也该替自己想想啊!要干好工作,没有好身体可不行,咱们还是先到医院治治病吧。"

王启民却只是淡淡一笑,说没事儿,只要坚持吃药就会好转。

王启民的病正像陈宝玲担忧的那样愈发严重了,躺下坐不起来,坐着站不起来,站起来又走不了,疼得他每次要休息一会儿,喘口气才能做下一个动作。

尽管病情继续恶化,王启民还是天天撑着在现场搞试验。陈宝玲再三劝他去治病,同事们也劝他抓紧去看一看,可他总说:"等忙过这阵子,我就去!"

当领导听说王启民患上类风湿关节炎引起眼睛虹膜炎,有瘫痪和失明的危险,就下了命令,硬是把他送到兴城疗养院接受治疗。这种病在当时是很难治疗的,王启民住院期间,就曾有病友因为承受不了病痛而选择以自杀结束生命。

没有人知道王启民是怎样挺过来的。在医院里,他天天掰着指头想出院,病还没完全治好,就从兴城返回大庆开始工作。这一行为与王进喜的经历不谋而合,这位"铁人"当年也不小心伤了腿,却没吭声,一跛一拐地继续工作,终于被同志们发现了,强行将他送进医院接受治疗。当时他躺在医院的病床上还说:"我哪怕失去一条腿也没什么,重要的是能继续工作!"没多久,王进喜溜出医院,又回到工作第一线了。医生关心他的病情,还亲自将药送到油田。

两位年纪仅相差一岁的"铁人",在做事风格上竟有如此多的巧合!

王启民的病情得到了控制,但很难改变已经形成的严酷事实:腰椎间隔性僵直,尾骨突出,腰不能像正常人那样弯曲。每当陈宝玲看到他深夜满脸倦容回来的时候,看到他抓住门框锻炼身体的时候,看到孩子给他踩腰的时候,心里别提有多难受了。

陈宝玲常想起当年大学校园里的王启民是多么健壮啊,他虽然个子不高,但身体挺好,还是国家三级运动员呐。可现在,他连挺直腰走路都十分困难。

王启民的腰强烈刺激到了陈宝玲。放弃留在北京工作的机会跟他来大庆,她不后悔;自己孤零零在锦州生小孩,她不后悔;丈夫三更半夜不回家,让她独守空房,她也不后悔。可是如今伛偻着腰的王启民却逼得她"越界",她产生了改变一下王启民生活环境的想法,想着要是把他调到北京,一来对他的身体有好处,二来自己也可以回北京老家。于是,她利用一次出差的机会,在北京为王启民联系了一个科研单位。

不久,商调函来了。谁知,王启民在商调函上写下了"本人不同意调动"。

这可把陈宝玲气坏了,当场就发起火来。"我费了那么大的劲,才把事情办到这个地步,你凭什么一句话就给回绝了?"

王启民也挺生气地说:"这么大的事,你为什么事先不和我商量?"

陈宝玲说:"知道你不愿走,商量也是白商量。"

王启民说:"北京那里有油田吗?离开油田,你让我干什么?要去,你自己去。"

陈宝玲急了:"我自己去算怎么回事!你不去,咱俩就离婚。"

一气之下,陈宝玲再次"逼宫",她写了一份离婚协议书,将这张纸拍到丈夫眼前。

没想到,王启民眼睛都没眨一下,便在离婚协议书上签了字。

原本该是这对夫妻最沉默僵持的一刻,不料,两人却突然相视大笑起来。那么多年风风雨雨一起走过,对互相的性格太了解。王启民当然明白妻子哪些话是真,哪些话是假,要想让她跟自己一道留在大庆,就得比她更倔、更坚定!

事后,王启民对陈宝玲说:"我们做夫妻这么久了,你还不了解我吗?即使我人走了，心还在油田，你忍心吗？"

事隔多年，回忆起这一段，陈宝玲说："作为妻子，我何尝不愿意丈夫能在熟悉的环境和岗位上工作，更好地发挥作用呢？的确是从启民的身体考虑，白天瞅着跟没事儿似的，晚上躺在床上翻来覆去的那个难受劲，只有我心里最清楚。可冷静地想一想，启民比我想得全、看得远。"

就这样，王启民又一次选择了他热爱的大庆油田。

回首当初妻子企图用离婚迫使他调工作的事，王启民说："我心里清楚，签了字，她反而是走不了的，对不对啊？我不签字，反是三心二意，很可能就跟着她跑了，对大庆的心动摇了。"

陈宝玲没有离开王启民，类风湿强直性脊椎炎也没有离开王启民，佝偻的腰成了他一生的定格。"王罗锅"、"八道弯"的绰号是怎么也摆脱不掉了。

可他的意志依然笔直挺立在这片土地上，从未被压弯。

这使我们想到了美国著名喜剧演员迈克尔·J.福克斯。

1996年，迈克尔主演了情景喜剧《政界小人物》，掀起收视热潮，还为他赢得了艾美奖与金球奖最佳喜剧片男主演的殊荣。然而此时的迈克尔已被查出患上帕金森综合征。这种疾病最明显的症状就是会让人不自觉地浑身颤抖。作为一个专业的演员，迈克尔不允许他在镜头前露出破绽，所以他在拍摄时总会想办法把抑制不住抖动的右手插进裤袋里，说话时故作潇洒地左右摇晃，以掩盖自己的病态，这些小动作在屏幕上显得如此滑稽、可爱。同时他还能在剧中灵活自如地踩滑轮，跃过办公桌教训他的下属。

当然，帕金森综合征是无法完全治愈的顽疾，迈克尔终究未能逃脱病魔的掌控，只好离开《政界小人物》剧组。当时，所有人都以为这位光彩照人的男演员将就此与表演事业诀别，孰料在2006年，迈克尔重回小屏幕，在美剧《波士顿法律》中客串演出。在出场的第一秒，这位资深演员的状态与表现便让人肃然起敬。他当时已跛了一条腿，身体总是不由自主地摇晃，然而优雅的气质与充满智慧的眼神使他光彩动人。他的吸引力丝毫未曾被残缺的身体破坏，甚至比从前更加内敛稳重，人们在他身上看到了一种不屈不挠的精神，以及钻石般坚强闪亮的人格魅力。

王启民也是一样，病痛与严酷的环境只是对他的洗礼，令他蜕变成愈发坚强的人。春节到了，试验组的人都回家过年。王启民的倔脾气却来了，他不回去，因为只有这个时候才最安静，可以让他一个人自由自在地研究数据、查看资料、思考问题。于是，王启民又和从前一样，抱着棉被坐在床上分析图表，对窗外的爆竹声声充耳不闻。他知道，该放爆竹庆贺的时机尚未到来，还要再磨炼、再等待。

大庆的冬日寒冷而漫长。当王启民的风湿病不断加重的时候，领导和同事总是再三劝他去接受治疗，结果被他一句话顶回去了："我是组长，整个试验方案和试验过程就我最了解，我怎么能走呢？现在让我离开，到哪也安不下心来，不但养不了病，反而会让病情加重。让我离开试验现场还不如让我死！"

大家听后便不敢再劝他了。

然而坚持归坚持，病痛折磨还是难以言喻。王启民有一次在中区西部搞试验，去作业队交代第二天的作业程序，傍晚步行回来的时候想抄个近道，于是选了荒野的一条土路来走，谁知中途被隆起的土疙瘩绊了一下，身体失去平衡，双腿不由自主地跪倒在地。疼痛即刻如电流般流遍全身，他竭力想站起来，可四肢都已麻木，动弹不得。天色渐黑，小路上没半个人影，王启民只能平躺在地上，心中隐隐有些绝望：今天不会真死在这儿了吧?! 想着想着，眼泪竟流了下来。

更可怕的是，远处隐隐传来的狼嚎撕扯着他的神经。倘若狼真的来了，他可就是这野兽的口中餐啊！

想到这儿，王启民反而有了信念，一定要爬起来！真成了狼的晚饭，这条命可就太不值钱了！ 他在心中不断自我鼓励："王启民，你要顶住，你还年轻，今后还有很长的路要走，不能就这样倒下！"

他慢慢活动了一下手臂，试着将身体侧转，再用手将上半身一点一点撑起，最后终于站起来了！ 等他走回住地的时候，天边已露出一线曙光。

# 十年磨一剑

在一些人的想象中,大庆下面好像有一条石油河,一口井打下去,原油便会呼呼往上冒。实际上,大庆地层下面全是一层层的岩石,石油就渗透在其中一些岩石中。所以石油地质工作者身在地面,心在地层。从地层有多厚、油层有多少、范围有多广、埋藏有多深,到油水如何运动、如何分布,不同层的流速有多快,压力差异有多大,温度有多高,各种参数如何变化,等等,都要精心搜集,占有庞大复杂、难以计数的第一手资料,而且还要经过试验室各种参数的测定、模拟试验和数模计算以及物理、化学分析,从而准确认识、掌握千米以下油、气、水的动态规律。

就这样,从1970年6月开始,在油田中区西部,在9平方公里的试验区里,也就是在地层的夹缝里,在油和水之间,王启民和他的伙伴们整整摸索了10年。

10年间,王启民率队采集分析了1000多万个数据资料。通过对每一个井点的核对分析,最后选出符合实际的数据资料,终于编绘了全油田第一主力油层高含水期地下油水饱和度图,终于摸清了油水在平面和剖面上的分布情况,研究了油水的层面矛盾、平面矛盾、层内矛盾及其演变过程,揭示了油田不同含水期开采的基本规律和稳产办法。从图上可以清楚地看出油水分布情况。依据图示,对两口残余饱和度高的井进行层系补孔,施工后,其中一口井的日产量竟增加了40多吨,含水降到20%;另一口井日产量从50吨上升到130吨!

面对这样的成绩,小组成员个个心花怒放,自然想要让上级领导及油田上的工作人员共同分享技术和经验。这个时候王启民变得能说了,因为说的是他熟悉得如吃饭喝水的油田开采项目。在汇报会上,他神采飞扬地向大家介绍起了高效注水的新技术,整整花了3天时间,将试验区83口井的分类、层段、动态等资料和几万个数据讲得清清楚楚。他条理清晰，语言生动，又擅长肢体语言的配合，说起来如数家珍。

这三天令现场人员无不折服，都称他为油田开发地质的"活字典"。

当然，随着开采程度的加深，试验并非是一帆风顺的。1975 年，试验区主力油层产量下降幅度增大，油井平均含水量上升到 54%，油田命运又面临新考验。

这时，国家经济形势严峻。主持中央工作的邓小平提出："要大力开采石油，尽可能多出口一些！"那段时间，王启民忍着病痛，继续与同事们精心收集不计其数的第一手地质资料，掌握了千米以下的油、气、水的动态规律。

在油田中含水期，王启民和同事通过试验创立了"六分四清"（分层注水、分层采油、分层改造、分层测试、分层研究、分层管理；分层压力清、分层产量清、分层注水量清、分层出水清）的开采方法，突破了此前笼统注水开采含水上升速度快、采收率低的弊端，使注水采油收率提高了 15 个百分点，大庆油田得以顺利跨上 5000 万吨稳产的平台。

1976 年，大庆油田年产原油 5030 万吨，跨入了世界特大型油田的行列，开创了中国石油工业发展的新纪元。大庆石油出口量也成倍增长，最高年份全国每 100 元换汇就有大庆人创造的 14 元。

"谁说中国人靠自己的力量开发不了这么复杂的大油田！我们就是要跨过洋人头，敢为天下先！"王启民说，"当年我们这些毛头小伙子夸言'跨过洋人头，敢为天下先'，这确实始终是我们这一代大庆知识分子身上激荡的精神。"

非均质理论推进了"转移接替"开采方式，其经典性和现实意义都是无可替代的；而中区西部接替稳产试验在油田开发史上占据的重要地位，也让人们永远不会忘记它的引路作用。

1978 年初，当时主管油田开发的领导听完中区西部试验情况后，高兴地对王启民说："你是个实践家，大庆 10 年稳产没问题了，路子你们已经走出来了。全国要召开科学大会，这个项目要报奖。"

就是这一年，王启民他们的试验项目获得首次全国科技大会奖，王启民因突出贡献，被选为五届全国人大代表。

1979 年，中区西部试验区创造了 10 年稳产、单井日产 40 吨基本不降的开发奇迹。这套透着王启民及其同伴们心血和智慧的分层注水、分层开采、先厚后薄、先高后低、接替稳产的开发理论，成为油田后来长期稳产的重要基石。美国专家也认为，这一开采模式可以向世界各国的同行挑战。

# 苦也偷着乐

在中区西部试验区的 3000 多个日夜，王启民和工人们一起施工作业，逐井取样化验，经常一干就是一个通宵。隔段时间回趟家，妻子看着他都不敢相认了：人瘦得不成样子，腰也弯得不成样子。可是王启民这个人乐观啊，现在与他聊起"苦"这个话题，脸上还洋溢着温和的笑容，甚至还透着得意的神情。

湖州人有句老古话，叫"吃亏就是福气"。王启民也是充分享受着这份"福气"，因为那可能是如今的年轻人都没有机会去体验的。

讲到和自己终身相伴的风湿痛，王启民坦言也有怕的时候，有时候疼得忍不住，工作都干不成了，担心自己会不会变成一个废人。有家有孩子了以后，他挺不住的时候就让妻子给他踩腰。现在腰不像以前那么弯了，对病痛也有了经验，那些复杂的病早已难不住他，他能够好好工作，心情愉快，就非常满足了。

在大庆石油会战和建设开发中，大庆人艰苦奋斗，逐步形成过"六个传家宝"。

第一个宝是"修鞋铺"。1961 年 6 月的一天，1205 钻井队来了一位修鞋匠，叫黄友书，原是机关房产维修队的班长，领导很看重他。有一次他去一个井队干活，发现工人们的鞋都坏了，但又不会修，只能用铁丝或绳子把鞋子连起来。黄友书看在眼里，急在心里，"不穿鞋要扎坏脚的，还怎么参加会战?!"于是，他从井场回来以后就东忙西忙，置备了一些修鞋用具，把自己变成了"修鞋匠"，专门为工人修鞋。这个事情让领导知道后，会战指挥部决定给黄友书一个旧板房，干脆开了修鞋铺，黄书友成了专业修鞋匠。在铺子"开张"的第一天，黄友书就给 1202 钻井队的钻井工们修了 32 双鞋。第二天他便来到 1205 钻井队,为该井队工人修鞋。大队长王进喜特意向黄友书致谢。黄友书就这样做了 4 年的"修鞋匠",修了 2 万多双鞋,解决了会战工人的难题。这便是人们说的"没有条件创造条件也要上"的奉献精神。

第二宝就是"干打垒"。1961 年春,赵连富去省城卫生干部进修学院进修期满后,回到了萨尔图衣星职工医院。这个医院是刚刚由医务所改制过来的,门诊和住院的病房特别少,而且医院还将迎接一批新来的医护人员。于是全院几十名职工都去盖"干打垒"。当时赵连富正拿着铁锹在整房顶,不料脚下的房梁断了,他连人带锹一起掉了下去。当赵连富浑身是泥地被人救起时,脸上已被摔得血淋淋的,嘴唇也破了,人已陷入昏迷。同事给他缝嘴唇时他都没有知觉,嘴唇上那块疤至今还留着。

第三宝是"青苞米"。1963 年,大庆总机厂上百名职工在王家围子农场收苞米,当时吃住条件都很艰苦,每人只有三穗青苞米。有一名叫刘世顺的车工,因为妻子怀孕,每次只吃两穗,剩下一穗留给妻子李凤芝。

第四宝是"五女缝补组"。大庆缝补厂是 1963 年正式成立的。就在前一年"三八"节刚过,大庆油田研究院地质所的实习员刘亚章穿衣服时,发现早就破得露棉花的棉被已经被人补得平平整整了,大伙儿都纳了闷,便开始找答案,后来才知道是工程师钟金生补的。钟金生将这件事在《战报》上一发表,感动了许多人,其中地质所实验组组长沈联蒂和团小组长凌辉等 5 名大学生一合计,便成立了"五女缝补组"。在"五女缝补组"的影响下,研究院人人动手缝补衣服,发扬勤俭精神,一时传为佳话。

第五宝是"回收馒头皮"。1986 年国庆节之后,人们还沉浸在节日的欢乐之中。10 月 7 日,大庆石油化工总厂炼油厂厂长关兴武在食堂了解情况,发现一个青年工人正在吃饭,饭盒旁边堆了一些撕下来的馒头皮。关兴武想都没想,抓起馒头皮便往嘴里塞。在场的工人非常感动,都上来吃那馒头皮。那位青年工人羞愧地低下头,把剩下的馒头皮都吃了。关厂长说:"石油会战,铁人组织回收队,在施工现场连一颗螺丝钉都回收,10 年回收钢铁 1.7 万多吨、管材 19 万多米,可给会战解决了大问题。今天咱日子好过了,可咱大庆回收利用的'传家宝'不能丢!"

第六宝是"修旧利废"。1965 年春,总机厂加工车间车工侍广州和工具房的李师傅"闹矛盾",因为李师傅见侍师傅的螺丝刀旧了,便偷偷帮他换了一把新的。结果侍师傅发现后,非要把旧螺丝刀拿回来不可。李师傅把旧螺丝刀拿出来给侍师傅看:"旧成这个样子了,也应该给你换新的了。这么大厂子能在乎这点钱吗?"

可侍广州的学徒工赶紧说:"你赶紧给换回来吧。我们以前偷着给师傅换了好几回,都让他换回去了,这可是他的心尖儿,金不换的。"

侍广州也解释说:"工具不分新旧,能用都是好东西。国家给咱,咱就得充分使用,把它当成心尖,心尖哪能随便就换了呢?再说心尖连着心尖,咱这个厂子可就大发展了!"

可见,这"六件宝"就是大庆油田事业发展的"精神武器"。

王启民谈及自己当年生活状况的时候,也谈到过其中的"宝":大伙儿先住帐篷,后来住干打垒。住帐篷对野外工作者来说不能叫艰苦,这是工作性质决定的,全世界都这样,即便是再发达的国家,搞野外工作、野外考察的人都住过,过去住过,现在还在住,以后还会住。干打垒比较特殊,就地取土,就地垒墙,人人参与,既解决了住的问题,又使这住地充满了乡土人情味,大家一起打土坯、一起垒墙,是件非常快乐的事。这房子冬暖夏凉,住起来当然很舒适,那感觉更舒适,因为自己盖的呀!这个干打垒,随着当时大庆油田在全国的亮相,也跟着亮相了。

还有一种大家可能比较陌生的住法:布拉吉。这是一种衣服的名称,而王启民他们的那个布拉吉,远远看去也像件布拉吉,那是帐篷和干打垒的结合,房顶是帐篷,房壁是干打垒。它的好处是,比帐篷更能经风雨,更能保温,又比干打垒修起来省事。起四堵墙不难,但给墙封顶却不是件简单的事,既有材料问题,也有安全问题。

那时候,很难有洗澡的机会。难得洗澡的后果是长虱子。晚上钻进被子前的一项必修课就是抓虱子。这是个关口,过了这个关口就能慢慢体会到那句话的分量——虱子多了不痒。

还有一道关口:蚊子关。那时候,这一带的蚊子不仅多而且大,毒性也强,一抓一把,一咬一个包。日子一长,大包变小包,小包变小点点。到了小点点的时候就说明这蚊子关你已顺利地过了,你身上有了抗体,再毒的蚊子也奈何不了你了。

这么看来,人的适应能力是很强的,这种适应力大约就是人的生命力吧。生命并不是我们想象的那么脆弱。

那时候,王启民经常要离开井队去上面汇报工作。每天回来都是在晚上,从他住的地方到上级单位有条小河。他从小怕水,因为小时候有一次在池塘边玩,失足滑进池塘,差一点被淹死,被拖上岸的时候已失去知觉。救他的是两位在池边下棋的老者,原本他们因为太投入,根本没注意到有人落水,后来因为博弈过程中发生争执,这才听到池里正在垂死挣扎着的王启民的呼救声。他们把王启民救上来，还帮他挤压出了肚子里的水。所以王启民到现在还是怕水。

但光怕是没用的。他劝自己说，与其这么一次次的怕，不如来个昂头挺胸。他真的就昂头挺胸，像后来样板戏里的正面人物那样渡河。还有，不管天再黑，他也得把衣服脱了下水，因为他不能带着一身湿衣回到井队，烤起衣服来是很费事费时的。因此一路上他就光着身子，拄着长棍，听着不远处的狼嚎夜行。

松辽平原是黑土带，一下雨，路就泥泞成一片，在上面走路就像木偶戏里的小人在那里演节目。会战早期，王启民他们就常常打着赤脚在泥泞道上穿行，后来条件有改善，上面发了胶筒靴。不过穿"胶筒"也是件麻烦事，有时你本来已经前进了，可还得退回去把陷在泥里的"胶筒"拔出来。所以有时为了赶急，便不得不把这现代化的东西扛在肩上，这叫"互相帮助"。

王启民还说到睡觉的事。他从前有个住在一起的同事叫杨寿山，工作一忙就不脱衣睡觉，被子也不打开。被子和褥子都卷着，空出床好让大家当凳子坐、当桌子用。晚上，他穿着大衣一躺就一夜。有一天，太阳晴好，大家都把被褥搬出来晒，搬到杨寿山的，突然听到吱吱的叫声，忙把被褥展开，里头居然掉出了一窝小老鼠！大家都又惊又乐，当笑话讲了很长时间。

记得 1977 年底的时候，王启民因为常年泡在现场，跟工人一起搞施工、下油管，还要反复进行试验，所以风湿病越发严重了，只能弯着腰走路。那时搞双管采油，就是要在一个套管里下两根油管，若一个出了问题，另一个就得受牵连。首先要取出这根问题油管，另一根没问题的也要同时取出，不然会影响作业。没有问题的油管一经取出，就会影响产量。另外，这对搞作业的工人和王启民来说，就是双倍的辛劳。

有一天，王启民正和作业队的工人们取下双油管，天突然下起了大雨，雨水混合着油污，将王启民他们都浇成了"油猴子"。这时油田另一个搞工艺的技术权威王德民来现场视察，看到王启民他们正在辛苦工作，便上前向王启民建议："你的实践已证明差油层潜力很大，既然这些差油层也能为油田创出很大效益，不妨就大大做回文章。你就不要采用双管采油了，用打加密井的办法来解决这个问题会更好。"

当时王启民是管油藏工程的，王德民却是管采油工程。油藏工程是要负责准确找出地下的油在哪儿，而采油工程是要想办法把那里的原油采出来。所以两位同姓的伙伴必须得亲密合作。如果王启民提出的采油方案要实践，王德民就要发明一整套与之匹配的机械；王启民需要什么样的采油工具,王德民就得弄出什么样的来。因此,王启民常说:"没有王德民的功劳,也就没有我王启民的成功。"

可见王启民是如此重视团队合作的力量。更何况王德民也是"苦出身"的科研工作者,与王启民的工作经历颇为相似,因此两人的友谊便更为深厚了。

正是因为有这些人风雨同行,创业路上的艰难才变得轻薄了。

# 我们记得他

中区西部试验区是王启民展现大将风采的最初战场,也是他跳的第一个"高科技泥浆池"。当年,王进喜为了压住井喷,用身体搅拌泥浆,被烧出大量血泡;同样,今天仍深陷"高科技泥浆池"的王启民也付出了极大代价,类风湿强直性脊椎炎造成佝偻的腰成了他一生的定格。

两个人,都是一样的要工作不要命。

如同不能忘记当年跳泥浆池的王进喜,人们也不能忘记10年时间都佝偻着腰在实验区捣鼓来捣鼓去的"王罗锅"。

看了以下这篇新闻,你就会相信:有时候,时光是可以倒流的,他就在人们恒久的记忆里。

## 他永远在推车
### ——工人眼里的王启民

在大庆油田中区西部,有个9平方公里的实验区,大庆油田的很多重大决策都是先在这里试验,取得科学依据后再全面推广。"新时期铁人"王启民70年代曾在这里"蹲"了10年之久。他取得的很多科研成果都得益于在这里的反复实践。在这里工作的工人们眼里,王启民是什么样子?

当年中一队指导员于德海和他的几个老伙伴,领着记者来到王启民曾搞过试验的中区5排14井,向我们讲述当时的情况。他说:"那时工人的科技文化水平很低,为了提高工人的素质,更好地配合搞实验,每天工人下班之后,王启民就把工人们召集到'干打垒'的宿舍里,给工人们上技术课,每半个月还要考一次试,直到工人们真正理解和掌握为止。中一队、中二队工人学科技在整个大庆油田是领先一步的。"

谈起王启民严肃认真的工作精神,于德海回忆说,按照规定,到井上取油样都是由工人完成的,为了使化验数据更准确,在没有道路、没有交通工具的艰苦条件下,王启民总是自己单独到井上另取一份,再把两个油样的化验结果进行比较分析,以便得出更准确的结果。一次下雨天,王启民取油样回来途中滑倒,爬起来马上回到井上,把样桶仔细擦干擦净重新取样,再用衣服包起来,顶着雨返回住地。当时条件很艰苦,菜、蛋、肉等副食品全靠自力更生,而王启民在工作之余参加队里的一切劳动,工人们称他为"不在册的职工"。

当年的毛头小伙子,如今两鬓都斑白了。现任采油一厂地质大队助理工程师的翁国政回忆说,1971年王启民从研究院搬行李卷住到他所在的中一队。当时条件很艰苦,床不够,王启民就睡桌子。队里分配他配合王启民取油井资料。全队34口井,一口井40～50个层系,每层取压力、含水、采油量数据。当时觉得很烦琐,可是看到王启民那种一丝不苟的劲儿,只好跟着干。"后来有一件事给我留下的印象非常深刻。有一口井含水量非常高,一天出油只有6吨多,王启民他们设计方案,反复了10多次,把我们累惨了,都不想干了。可王启民真有股拗劲,接着整。没想到有一天,这口井突然一天出油升到108吨,可把我们乐坏了。石油部要我们汇报,还让我到各个队去讲,风光了一把。回来寻思,还是王启民这些有知识的本事大。原来我们队60年代日产始终在几百吨,1971年就升到1000吨,一年以后达到日产2000多吨。这都是知识的力量,我就向他们学。1975年,我们自己用王启民的办法对5排9井进行分层注水开采,第一天一下出了77吨油,比原来升了65吨。"

"现在回想起来,和王启民接触的这段时间,对我教育很大。后来我就当了代理技术员、技术员,1986年当助理工程师,现在我分管全厂1842口注水井的技术状况。我希望现在科技人员也多学学王启民,经常下来深入实际。"

当年曾在中一队当工人、现在在采油一厂六矿担任副矿长的张凤瑜也有同样的感慨："当时王启民他们来的时候,在研究院里都是所谓'走资本主义白专道路'的被批判对象,然而他们在精神上没有倒下,背着'臭老九'的名,仍然努力工作。"

"当时大庆已经进入中含水期,能否上5000万吨,要在中一队、中二队搞试验,取得科学依据。当时有一大帮科技人员在这儿,起早贪黑地边实验边研究。那个时候取资料还是很笨重的劳动,不像现在计算机化。王启民常常和我们一起在现场摇绞车,有时吃饭都顾不上。我是1964年初中毕业从鸡西招工到大庆来的,开始对技术没什么兴趣。后来王启民他们来了,我们在一起工作,耳濡目染,学到了很多东西。最重要的是激起了我对知识的渴望。1975年,省里在这办'721'大学,我努力争取,去学了两年。后来我感觉到知识还是不够用,1982年又在大庆石油学院实习了3年。1978年评职称时,我是全油田工人中第一个无文凭评上助工的。我现在是工程师,这都是王启民他们激励的结果。"

"那时王启民总是躬着腰,身体向前倾着,脚步总是急匆匆的,好像前面总是有很多活等他去干。他的背后就像永远有一架独轮车推着他跑。"当年曾在中二队配合王启民工作的陈瑞生这样形容道。

现在在采油一厂工程技术大队任工程师的他,对王启民当年的工作劲头印象很深,"他从来不闲扯,任何事情都干扰不了他的工作。每次我值夜班回来都是一两点钟了,可他屋里的灯总是亮着,工人们都说他们搞科研真不要命。"

"他与工人同吃、同住、同劳动。有一次我们正在种菜,王启民就过来帮忙,要我们以后有活时招呼他。可当分给他菜、蛋时,他却不要。他说已经在食堂吃了,不能再拿一份。"

当年的老伙伴、现在是采油一厂工程技术大队高级工程师的周继德插话说:"工作时他也很注意方法。我记得很清楚,一天晚上放电影《战上海》。他和同事们一起分析油井压力数据,快到放电影时,他说看电影去。大家一起去看电影,可他坐了没几分钟,就自己回去研究资料去了。"周继德继续说,"王启民身上有一种一丝不苟的科学态度。他是搞地质的,中午蹲在工地吃饭时,他总是向我问这问那的工艺问题,他认为地质与工艺必须结合起来。他非常认真,为了更准确地下好封堵器,他常常在别人休息时一米一米地测量油管,并进行精密的计算。"

如今这里的年轻工人们怎么看王启民呢?我们来到采油一厂七矿503队2号平台采访,这里前后矗立着两排丛式井,都是根据王启民等人的试验设计的,日产量达130吨。这个被管局评为市巾帼建功先进岗位的井组,是由4位二十几岁的年轻女子组成的。井长李辉说:"常听老同志谈起王启民等老科技人员在这里艰苦实验的事迹。虽然现在条件好了,但是艰苦奋斗、无私奉献的传统不能丢。没有它,我们就不可能与男同志一样在磕头机上爬上爬下,也不可能在又累又脏的工作中坚守岗位。一个年轻人,重要的是要具有像王启民那样的国家利益高于一切的爱国主义精神和'铁人'一样的毅力。"

去年从大庆石油学院毕业的晋霞也在这个组当工人。她说:"这个岗位虽然艰苦,但也很重要,这里获取的每一个数据都不允许失误。我觉得现在的年轻技术人员更应该像王启民那样深入基层,在实践中探求科学的奥秘。"

（武从端、刘中山、树新,《黑龙江日报》1997年4月7日）

　　20世纪80年代初,大庆在稳产10年后逐步进入高含水期,许多人悲观地认为继续稳产没有希望了。

　　王启民却把满腹希望寄托在被称为"破布条"、"甩袖汤"、"千层饼"的表外储存。这类油层是国内外油田开发中一律被判"死刑"的地层,开采它就像攻克哥德巴赫猜想一样艰难。

　　有人说:"这是不可能完成的任务。"

　　王启民说:"既然许多石油开采的'禁区'是人设定的,那么,人就可以打破它。"

　　失败,重来。整整7年时间,他一气儿打下19口井。

　　终于,地下资源宝藏之门开启了。

　　许多人不敢想的"敲骨吸髓"开采方式,竟然让贫瘠的油层成为一个大油田的接替资源,大庆表外储层的地质储量可达7.4亿吨,相当于又为国家找到了一个大油田。

勇闯禁区建奇勋

# 石油储存在科学的大脑里

1976年10月,"四人帮"被粉碎。

邓小平针对中国现状进行了大刀阔斧的改革。尤其是1978年12月召开的中共十一届三中全会,开辟了中国改革开放和集中力量进行社会主义现代化建设的新时期。

邓小平指出,实现现代化,关键是科学技术现代化。科学技术是第一生产力。这一指导方针令中国科研发展的春天全面到来。

拨开氤氲的天空,沐浴改革开放的阳光,大庆油田在10年稳产的奋斗中再次承担起为四个现代化加油的光荣使命。王启民他们终于可以抬头挺胸地钻研科研项目了。

1978年9月14日,邓小平第三次来大庆视察工作。他望着眼前的油井和厂房,不禁感叹:"十多年没来了,大庆变化很大!"

大庆油田党委书记陈列民走上前,握住邓小平的手激动地说:"邓副主席,大庆人很想念您,早就盼着您来大庆视察。"

邓小平率先来到王启民所在单位——大庆油田勘探开发研究院,他参观了地质资料室,也就是所谓的"地宫",可见他对科技的重视程度。大庆油田设计院副院长马启富向邓小平汇报工作,首先就汇报了馆内收集的全国各油田的油样和打井情况。

邓小平听得饶有兴致。当听说罗马尼亚的钻机不太好使,他当即说:"向美国买,他们的厉害,要快!"

马启富还汇报了石油工业理论研究的情况。当汇报到陆相生油理论时,他说国内地质研究专家分成好几派,有6种不同的观点。邓小平笑道:"百家争鸣嘛!不能把人家否定掉,在找矿中大家都起了作用。"

一番话当场鼓舞了全体科研工作者！

紧接着，邓小平一行又来到新技术馆，参观了那里的电子计算机，又视察了采油现场、大庆展览馆、机关二号院、机关三号院等地。在采油一部中6～17井，邓小平望着墙上挂的油井综合图、锦旗、奖状和岗位责任制，不住地点头称赞。在参观了大庆油田机关二号院、萨尔图仓库、30万吨乙烯工程指挥部后，邓小平又详细了解大庆的蔬菜、蓄水及职工住宅情况，之后提出："大庆贡献大，房子要盖得好一点，要盖楼房！"

一年以后，大庆果然建成为一座美丽的城市。

其实就在邓小平来大庆的两年前，大庆油田原油年产量首次超过5000万吨，进入世界特大油田的行列。1985年，大庆第一个稳产10年的目标胜利实现后，又提出了第二个稳产10年的奋斗目标。这个目标不仅关系到企业的兴衰，关系到我国石油工业"稳定东部，发展西部"战略的确立，也关系到国民经济发展的大局。但这又是更加艰难、更富有挑战性的10年，突出的矛盾是经过多年开采，油田已经进入高含水期。根据预测，"八五"期末大庆油田综合含水将超过85％，这将是大庆人难以接受的现实。如果没有足够的接替资源，储采将严重失衡，原油产量势必很快递减。所以必须做好具有战略目标的先导试验，搞好技术储备。石油是不可再生资源，要想做到储采平衡，继续高产稳产，就必须挖潜力。

那么，这个潜力在哪里呢？

1984年，王启民受命承担了大庆油田1986～1995年第二个5000万吨稳产10年规划的编制任务。这个规划囊括了大庆油田"七五"和"八五"两个五年计划。国家要求生产5500万吨不能降，超出的500万吨指标从何而来？王启民大胆地提出：向表外储层要资源。

所谓"表外储存"就是渗透性极差又极薄的油层，由于没有开采价值，国内外将其称为"破布条"、"甩袖汤"、"千层饼"，在油田开发史上，它们一直被判"死刑"，不加开采。

"1亿年前，大庆是一个动植物资源丰富的湖泊，一次次的涨落，一次次的沉积，使这里形成了一个有200多个油层的构造复杂的油田。"王启民说，"还是在中区西部进行试验时，我就注意到了油田的低渗透层和薄层，这些层在地下面积很大，容量十分可观，但由于受到开发技术的限制，这些层只能被划入另册。现在，大庆油田开采已经进入高含水期，为了找到新的接替产量，就要动用表外储层。这种方法叫'敲骨食髓'，即将先前认为已经无法利用的油层用新开采技术进行'再教育'，让它出油，好比吃完肉以后再吮骨髓,才能'填饱肚皮'。"

对于王启民的"异想天开",多数人反应激烈:"这是天方夜谭。"

还有人说:"既然表外储层与表内层有连通性,就证明表外储层是偷了表内层的油,这不能说明表外层的真正储量!"

"这样下去,将把油田引向何方?! 简直不负责任!"

甚至还有给他扣大帽子的:"偷油可耻! 这是沽名钓誉!"

孰料王启民听到"偷"字,却暗自得意起来:没错,就是要"偷"油! 开发表外层恰好能把表内层一些死角的油挤出来,"活血化淤"!

王启民说:"既然许多石油开采的'禁区'是人设定的,那么,人就可以打破它。"

虽然有人指责王启民为了石油产量而"不择手段",但这种"手段"却光明磊落,因为石油不是为他自己而开采,是为整个国家的工业发展而奋起拼搏! 美国电影《血色黑金》中曾有过名副其实的"不择手段",男主角丹尼尔原来只是银矿的矿工,他用坑蒙拐骗的手法将油田骗到手,并进行开采,此后逐渐丧失人格,甚至不惜犯下杀人的罪行。

同样是"贪",或者说"偷",王启民"贪"得有智慧、有志气!

爱因斯坦说过:"我没有什么特殊的才能,不过是喜欢寻根问底地追究问题罢了。"

古往今来,每一个科学家的经历都在诉说:他们的一生是充满了对大自然奥秘好奇的一生。

我国伟大的地质学家李四光,小时候常常一个人对着家乡的一些来历不明的石头出奇地遐想,好奇地自问:为什么这里会出现这些孤零零的巨石? 它们是借助什么力量到这儿来的? 后来李四光走遍了全中国的山川河流,作了大量的考察与研究,终于断定这些怪石是冰川的浮砾,是第四纪冰川的遗迹,纠正了国外学者断定中国没有第四纪冰川的错误理论。

伟大的天文学家哥白尼在中学时代,听说可以用太阳的影子来确定时间,这个仪器的名字叫日晷。他很好奇,就找老师问了日晷的原理,回家找了些废旧材料,很快就做出来。他利用自己做出来的日晷,研究太阳和地球的运动规律。哥白尼长大后,提出了著名的"日心说",推翻了过去一直认为是太阳绕地球转的"地心说"的错误说法。

正是这种好奇心引导科学家们一步步攀登科学的高峰。好奇心是科学家们学习、研究的最初动因,也是最基本的创造心理因素。

　　王启民也是这样，对于旁人对他"异想天开"的怀疑，他反而觉着"有戏"，因为他敢想，接下去就是敢干了。

　　从油田长期稳产的目标出发，王启民发扬"有条件要上，没有条件创造条件也要上"的铁人精神，开始向国内外公认的难啃硬骨头——表外储存要油。

石油之子
王启民

# 在怀疑和嘲笑中前行

在很长一段时间里，王启民都与从勘探现场拿回的岩芯"相拥而眠"。既然已决定要"食髓"，就得研究好骨头内部的通道和髓油储量。通过对岩芯的分析，他发现这些岩层中都稀疏分布着扭曲的条状油带，有的只带着星星点点的油斑，含油砂岩只占 30％，其余全是泥岩。这类油层很薄，且与泥岩相互交叠，呈现斑马状，看上去有些像千层饼。这些油层单独看起来实在是储量少得可怜，可加在一起却是相当丰厚的宝藏，而从中开采原油却非常困难。当时王启民曾拿着这些散油层的图纸去给领导及专家过目，想听听他们的意见，得到的回应大多是否定。大家还是普遍认为表外层很薄，物性差，面积小，没有什么开采价值。

能不能敲开这些地下宝藏之门？王启民心中依然坚定，他知道鲜有人与他一样将打破"禁区"作为目标，这是受思维限制所致，但总有一天这些深深埋藏在沙砾之下的金子，会在阳光下闪闪发亮的！

在一片质疑甚至嘲笑声中，王启民开始指挥和带领科研人员向这些表外油层发起了冲击。在初次试验中，井打完却没有产量，取出油管，管壁上干干净净，于是大家开始在一旁起哄。

王启民仔细盯着油管壁，终于被他发现了上面沾着的一点点油斑。

"这点油，拿回家炒菜都不够呀！"大伙儿都跟王启民打趣，也想看看这位个性稳重、钻劲又强的科研狂人会怎么面对这种尴尬。

孰料王启民却两眼放光："只要沾上油，就有戏！"

他认为，油管壁上沾了油，证明表外层中的油是运动的，只要寻找到相应的技术手段，这些表外层的原油一定会开采出来。

四周充斥着不同的声音。有的说，含油性这么差，能有工业开采价值吗？有人劝道，表外储存是客观存在，但还不具备工业开采价值，作为稳产对象放到规划中，风险太大了，万一落空，影响了第二个 10 年稳产，这个责任你担得起吗？

陈宝玲也关心地对他说："老王啊，螃蟹壳里的肉好吃，螃蟹腿里的肉也好吃，螃蟹的尖尖爪可不好吃啊，万一卡在嗓子眼里，嚼不烂、咽不下，那时候多难受呀。"

人生的选择题又一次摆在王启民面前。放弃努力，他依然是功成名就、受人敬仰的油田开发专家；而坚持己见，就要冒失败和名誉扫地的风险。

陈宝玲和同事们说的不是没有道理，这的的确确是一个困难大、风险大的试验。

王启民始终记得周恩来的两句诗："面壁十年图破壁，难酬蹈海亦英雄。"多年来，他经常勉励自己：人生的道路一旦选定，就要勇敢地走到底，只有坚韧不拔，才能找到新路，才能获得成功。他想，搞石油的人，思想里首先要有油；只有思想不断解放，依靠科技进步，勇于探索，地下的油才能不断被挖掘出来。

王启民始终坚信罗曼·罗兰说过的一句话：最可怕的敌人，就是没有坚强的信念。根据油管上沾的一点点油迹，王启民又守在现场，用放大镜长时间仔细观察"毛毛层"的岩芯，思路越来越亮堂了。

这些"毛毛层"中的油，实质上是运动着的，是鲜活的，是可以采出来的。地下的厚油层和薄油层就像一棵大树的主根和须根一样，从断面上看，这些油斑斑点点是孤立的，但地下的油层是立体的，所有的薄差层都像大树的须根，根根与厚油层紧密相连。

王启民的结论是：油既然能够运移储藏进去，掌握相应的开发技术，就可以把它开采出来。

认准了这个理儿，王启民带领一个实验团队，一干就是 7 年。他们在油田南部杏树岗五区开辟了一个开发表外储层的实验区，团队动用发挥集体智慧与力量，成立了 3 个科研组：一个负责搞现场试验，一个负责沉积相研究，还有一个搞二次井网加密。带领试验小组工作的开发室主任宋永在油田南部杏树岗五区开辟了一个小型区，打了 19 口油水井，第一批地下岩芯取出后，岩芯截面上，条带状或斑状依然分布着稀疏的油迹。但王启民并不灰心，他指导试验小组经过反反复复采取技术措施，终于使试验区 19 口油井单井初产日均达到 8 吨以上。

"这下咱们几年的炒菜油都有了呀！"试验小组的人又乐道。

　　紧接着,王启民又带着他的团队,在油田南部试验开发地下更薄更差的"毛毛层"和油田中部厚层中间又薄又差的小层。

　　岩芯取出后,发现这种油层不仅薄、致密、坚硬,而且含油性极差,是大庆油田物性最差的表外储层。一些专家、采油厂的同志和院里搞储量的同志看了都摇头,认为这种油层是目前开采界限以下的"禁区",打井就是浪费。

　　那段时间,王启民无论是走路还是睡觉,都在琢磨这件事,就是不死心,决心向这一"禁区"宣战。为了减少投入和不必要的损失,经过反复研究,王启民选择一种新的布井方法,采取借用已完钻的一次加密井3口,再打1口新井的"三借一打"方法搞试验,即便新井不出油,也不影响其他井的正常生产。

　　可是,这口井打完,射孔投产后却没有出油。

　　于是,王启民他们就和搞工艺的同志一起讨论,并请他们设计一套强化压裂的工序,对油层进行强化改造。

　　果然,初期日产量达到5吨以上。

　　可是,产量下降很快,不到半年就剩下日产1吨多了。后来经过注水,产量稳定下来,并逐步恢复到了3吨以上,达到了工业开采的下限。

　　一项项试验的成功,不仅为油田南部三次加密提供了物质基础和挖潜措施,同时也打开了被人宣判为"禁区"的大门,为大庆油田表外储层的全面开发吃了"定心丸"。

　　1985年,王启民提出的"细分开采,接替接产"的开发理论和方法经国家鉴定,认为对石油工业原油生产任务的完成和油田高含水期开采技术的发展作出了特殊贡献,油田年产原油5000万吨的稳产期可延长到20世纪90年代以后。

　　王启民的《大庆油田长期高产稳产注水开发技术》获得国家科学技术进步特等奖,当时的奖励词便是:为表彰在促进科学技术进步工作中作出贡献,特颁发此证书,以资鼓励。

　　这一下,没人再敢嘲笑王启民是白日做梦,只开采"炒菜油"了。因为这些油已源源不断地输送到全国各地,取得了显著的经济效益。

　　7年来,王启民他们通过对1500多口井的地质解剖、分析,4个试验区45口井的试油、试采,10口取芯井的岩芯测定和分析,为全面开发表外储存提供了科学依据。表外储层开采的成功,不仅大大解放了人们的思想,扩大了开发领域,也实现了世界油田史上一个新的突破。

从当初在国内外开发中被判"死刑"的"边角料"储层，到如今香喷喷的"排骨"，王启民他们在大庆之下找大庆，以许多人不敢想的"敲骨吸髓"开采方式，让贫瘠的油层成为一个大油田的接替资源。据测算，大庆表外储层的地质储量可达 7.4 亿吨。在表外储层找到的石油，如果装在铁路油罐车里可环绕地球一周，相当于又为国家找到了一个大油田。

余秋里在听到这个消息后频频点头赞许。

康世恩也激动异常："什么是社会主义？像大庆这样搞工作就是社会主义。你们能把这样的潜力挖出来，这就是社会主义。"

连外国专家都竖起大拇指夸赞："表外储存你们能做到，我们办不到。"

在科研路上不断跨上新里程的王启民，党和国家没有埋没他。1986年，王启民 49 岁，被国家人事部授予"中青年有突出贡献专家"称号，让他踏上新台阶，展示盛年之光。1987 年，大庆石油管理局授予王启民"矢志不渝，献身油田的优秀知识分子"称号。

知识在王启民身上真的成为无穷力量，能将地底下藏得最深最隐秘的石油都挖出来！

石油之子
王启民

# 背后的力量

冰心老人曾经说过："成功的花，人们只惊慕她现时的明艳！然而当初她的芽儿，浸透了奋斗的泪泉，洒遍了牺牲的血雨。"

王启民向表外储层要资源的梦想实现了，然而成功背后的惊心动魄才是他最难忘的，有两个人在他记忆里永远抹不去。

一个是余秋里，一个是康世恩。

其实，实现第二个稳产 10 年的路走得并不轻松，当初大庆组织了两组人马，分头就表外储层进行调查研究。第一路地质人员对油田 1277 口井的表外储层进行统计，单井最多达 58 层，独立型的点为 86.4%，最低占 57.9%，而且纵向叠加，多数地区集中在 50～66 层范围内，这说明表外储层具有大面积调整挖潜的条件。

另一路人马，则深入开展对河流三角洲沉积相的研究，以摸清表外储层的连通性。通过调查研究，他们得出结论，认为油田表外储层中潜力巨大。表外储层既是厚度在 0.5 米以下的薄差油层，大庆每口井、每个油层都会有，所以开采成功与否影响着整个大庆的产量。而且他们发现，表外储层像巨树底下的须根，整体相连，又四散延伸，渗透性还是非常强，所以要开采出来并非完全没有办法。

可此时，反对声依然此起彼伏。当时的科研环境还不是特别宽松，对各项技术条件要求苛刻，尤其之前王启民针对这项试验打过 3 口井，都以失败告终，直接经济损失 300 多万元。如果继续搞表外储层这种看上去极其"虚幻"的东西，再出什么乱子，这个损失怕是王启民也承担不了。

3 口井的失败，有很长一段时间给王启民内心带来巨大的痛苦和压力，但一想到油田的长远大计，他没有动摇。因此，油田的有关领导带着王启民去了北京石油部,让他向更上一级说明情况。

这时王启民心里是完全没底的,尤其是领导反复叮嘱他别把"表内储层"的东西说得太好,万一上头确认了这项开采技术,增加任务,可就惨了,因为很可能试验不成功,还完不成任务。王启民不断点着头,其实很不服气,他的倔劲儿又来了,嘴上不说,但"贼心不死"。

到了石油部,王启民委婉地讲到了"表外储层"的概念,拿出扎实的依据进行分析,试图说服会上的专家领导。他深情并茂的演讲打动了一批人,但依然没有消除质疑。勘探司的柴司长在会后找到王启民,告诉他当时已任国务院副总理的康世恩想见见他,而且是去领导人家里坐坐。

数天之后,王启民果然接到邀请,与宋永、赵汉卿一行三人去了康世恩家中,当时家门口还有卫兵把守,非常森严,让王启民多少有些压力。他们三个人一商量,决定还是让王启民跟康世恩汇报,因为他能说会道,又讲得清楚。

康世恩家的客厅出人意外地简朴,几乎没什么多余的摆设,而在康世恩身边,居然还坐着一个人。

竟是石油部部长余秋里!

这下王启民真有点心跳加速了,要在这两位重量级人物面前口若悬河还是挺有难度的,怕一不小心讲结巴了。但回头一想,反正横竖都要说的,也不怕什么,于是他清了清嗓子,开始倾诉自己的想法,有张有弛,有理有据,没有一点信口开河。

这是一次本着良知与科研热情作的工作汇报,他措辞严谨,解释得很有技巧,深刻而通俗,一般不具备石油开采知识的人也能听懂。王启民一讲起来就刹不住车,讲了两个小时才宣告结束。

一旦闭口,王启民便又恢复到那份忐忑中了,他没办法确定眼前两位领导的反应。

孰料,余秋里与康世恩听完后几乎同时发出了赞叹。余秋里说:"很好!这次就由我们给你抬轿子。你回去先把实验搞起来,回头我也去大庆,让王志武也去抬这个轿子过河!"

由此,王启民像是拿到了"万能金牌",坐着两位部长"抬"的轿子搞科研,没有人再敢质疑、阻挠。

时隔一个月后,余秋里果然亲自到大庆来"抬了一回轿子"。但他看完岩芯后还是觉得表外储层状况不够理想,便回头问王启民要怎么对付这些油层,让它们"吐油"。王启民舒展着眉头,自信满满地进行了分析讲解,又将那三支精英部队作了一番推荐,终于令部长频频点头。

这意味着今后王启民他们的工作将得到更多的支持。

7月,实验区的油井便全部投产,表外储层开采正式开始计划产量。

然而命运有时喜欢捉弄人,尤其对痴迷探索的科研者们,似乎尤其过分。

没过多久,实验井中有近一半含水量高达70％,于是先前的质疑又卷土重来,把王启民的研究批得一文不值。

敢于第一个"吃螃蟹"的人是需要具备过硬的心理素质的,他们注定会在鲜花与口水的混合中度过一生。历史上最伟大的艺术家梵高,在他短短37年的人生旅途中,充满了噩梦与厄运。他穷困、神经质,画作总是遭人嘲笑,大家都说他的画非常丑陋,都换不来一杯咖啡,甚至拿他的作品去砌猪圈。因此,梵高一生都在为不被这世界认可而哀怨苦恼,最后终于含恨自尽。

经过时间的考验,梵高的作品之伟大终于被肯定。此后几百年来,人们都在卢浮宫内向他的画作俯首称臣。

王启民曾经讲过,搞科研就跟画画一样,一定要保持自己的风格,有独立的个性;就像画画,一味模仿别人的画作,肯定成不了大家,画得再像总也像不过照片,都是缺少灵魂的。真正的大师总是画得跟别人不一样,有鲜明的特色,这样的东西才有价值。我们搞科技创新也是这个道理。

可这些反对声又不能充耳不闻,王启民始终保持着清醒的头脑。他会逐一收集反对理由,加以仔细分析,认为有理的便采纳,并悄悄在工作中尽量注意这些方面;而另一些鸡蛋里挑骨头的意见,他只是默默在脑中过滤掉。

一个科研狂热分子是没有时间和精力去跟无知者争辩的,他的生命尤其宝贵。

王启民知道石油资源是有限的,唯有开采技术可以进行无限的研究并提升。要稳住产量,不能靠盲目开采,打一枪换一个地方,而是要挖掘各种可能性,将所有一直被认为难以开采的油井一一征服,把边边角角的油星油沫儿都刮出来,这样才算是做到"油"尽其用。

事实证明,这一理念是开拓创新之路的垫脚石,唯有这样不断挑战高难度,才能让王启民这位知性的"铁人"真正成为铜墙铁壁、滴水不漏的强者。

# 两强联袂再闯"禁区"

1989 年，石油工业部更名为中国石油天然气总公司。

这一年的大庆油田，依照王启民"先肥后瘦"的开采原则，已到了"啃骨头"阶段。

尽管开采 0.2～0.5 米薄层的一次加密布井已近尾声，以开发表外储层为主的二次井网加密，又即将于喇、萨、杏油田以上万口的数字依次开钻，可总公司总经理王涛和副总经理周永康参加中央或国务院的会议时总是倍感压力。正值中国经济高速发展之际，正需要大量原油作为坚实后盾，所以原油产量仍需要提高提高再提高！

党和国家的领导者们对石油工业给予了热情的肯定和深切关怀，同时还抱有殷切的期待，希望大庆能再提高产量，为国民经济发展承担更多的份额。经济的发展，人民生活水平的提高，对石油的需求越来越大，而当时我国每年人均拥有原油量仅仅 0.1 吨，供需相差太远。

为此，中国石油天然气总公司确立了"稳定东部，发展西部"的石油工业发展战略。可是西部开发仍需要大量时间，稳定东部则必然关系到国民经济的全局。东部要稳住，关键就在于大庆能否稳住，当时大庆的原油产量要占全国总产量的近一半。总经理王涛对大庆的决策者们说："大庆油田要考虑年产 5000 万吨以上、稳产 30 年的问题。"

所以，必须要实现大庆往后的多个"10 年稳产"，大家得给出切实可行的方案。王启民觉得只能继续"敲骨食髓"。1989 年之前，大庆油田的表外储层开采已取得成功。1989 年，王启民决定在萨三组开展实验，那是大庆长垣最差的储层，素有"磨刀石"和"禁区"之称。

王启民最喜欢知难而上，事实上这也是他的科研理想所在。于是他采集了大量数据,寻找数据之间的关系,了解地下油水的动态。随后发现地下油水每天的动态不尽相同,每口井的情况也差不多,所以要把握油水运动的规律,制定正确的注水、控水、稳油、采油方案,就必须对每个数据、每个数据的变化、每个变化的内在联系都了如指掌。

然而萨三组的实验并没有预想中那样顺利,开钻第一口井打空了。

"头炮"没有打响,军心便有些涣散,这口井真没有油的话,就意味着很有可能要对整个区块作放弃。王启民自然不能死心,他日夜在现场逗留,反复察看,仿佛在黑暗中行走的人在竭力寻找前方的一丝光明。

终于,希望来了!

王启民在逐个观察实验井的岩芯时,发现有一段岩芯正由里往外冒着两个泡泡,这一发现让他不由眼睛一亮。有冒油泡,说明有油在里面流动,既然能流动,当然就能把它们采出来,只是开采难度高了一些,但总归还是有油可采。

他的这一结论同样遭到了质疑,有同行认为这不能说明这个油层的油可供开采,油层太差的话,即便有油在里面,也只能放弃。但王启民认为,每一个偶然发现中都存在无限的潜能,当初嫁接技术的发现就是一个"偶然"。当时仅仅是因为一名小学生画了一个奇形怪状的"苹果梨",他的老师怀着好奇心刨根问底了一番,才令这项技术得以改良和推广。所以目前要做的是顺藤摸瓜,当然要摸到这个瓜还有大量的工程方面的技术难题要攻克。这个时候既要努力去工作,又得去说服别人,大家一起坚持到最后,还得静静地等待。

1988 年,杏五区油井的开采试验以后,王启民带领试验组挑战油田南部地下更薄更差的"毛毛层"。这堪称是油田中的"最差生",叫含钙表外储层,油层很薄、致密,而且坚硬,含油性极差。这种油层是当时开采界限以下的禁区中的禁区,人们普遍认为在那儿打井就已经是浪费了。王启民却是"贼心不死",经过反复研究之后,决意闯禁区,实践他"敲骨食髓"的理念。

王启民找到了一个人,他便是王德民。

王德民是中国工程院的首批院士、我国石油工业著名专家。他的母亲是瑞典人,父亲是中国人,所以他说得一口流利的英语,为此也在"文化大革命"期间吃过许多苦,还被赶去油田的养殖部门喂鸡,可即便这样也让王德民搞出了名堂,他养的母鸡都是下蛋能手,小鸡成活率也极高,大大打破了这个养殖场开埠以来的最好成绩。1961 年,王德民推导出我国第一套不稳定试井方法"松辽法",此法至今已累计使用 100 多万次;1965 年,他在世界上首次研制、推广一套钢丝起下分层测试仪器；70年代，他又分别研究推广了国内首创的偏心配产、偏心注水工艺和"限流法"压裂工艺，为扭转大庆油田"两降一升"的问题和开发薄油层起到重要作用；80年代中后期，他组织科技人员完成了"化学驱"三次采油技术的攻关。王德民带领科技人员研究成功的"泡沫复合驱油技术"，对大庆油田复杂油层的战略开发有极高的实用价值，使我国采油技术达到世界先进水平。

这位科研狂人与王启民有一样的创新精神与执著信念，因此两人一拍即合。

经过仔细研讨，他们决定采用限流法压裂来试一试，通过合理布孔，利用液流经不同吸收量的炮眼所产生的嘴损不同，陆续提高泵压，相继压开10多个薄差油层。

结果，这口井真的出了油，这个区块竟给大庆增加了1165万吨的可采储量。

两位采油专家强强联手的成果是巨大的。正是身边还有同样将一腔热血洒在大庆油田上的科研工作者，才给了王启民更多的信心。

# 实践是个宝

表外储存的 7.4 亿吨地质储量及配套技术的研究成功,可以为国家创造 2000 多亿元的财富。

实践使王启民越发懂得了"科学有险阻,苦战能过关"的道理。

10 年时间,与 9 平方公里的油田中区西部实验区为伴;7 年时间,钻进地层里研究表外储存,在王启民身上,"实践"是他最抢眼的标签。

他经常告诫人们:"我们科研人员只有把知识与实践结合好,才能少走弯路,才能做出成绩。"

他在油田开发研究方面所取得的一些成果,都是通过反复实践所取得的。1989 年,看到人们对动用表外储存的疑虑,王启民选择用实践说话。他找到了一口最具代表性的试验井,射开 6 个小薄层,有效厚度只有 2.5 米,压裂后日产液 26 立方米,含水 40%。全局都关注着这一结果。

然而这仅仅是暂时的欢喜,6 天后,含水上升到 96.2%。

科学家布鲁诺说过:"科学是使人的精神变得勇敢的最好途径。"面对这种情况,王启民没有气馁,认定这可能是一种假象,应该是其他因素所致。他把几口井的施工情况和动静态资料找来认真分析,同时与油田其他类似情况进行对比,认为是由隔层太薄(仅 0.9 米)窜槽所致。经分层找水、声波测井、同位素验窜施工,采取措施后,虽然含水有所下降,但效果仍不理想。

这时,有人劝他说:"算了吧,老王,开采这类油井难度大,划不来。"

可王启民认为,什么事情都要有一个过程,搞试验也不可能一蹴而就。他想起了大学时读过的"杂交水稻之父"袁隆平的故事:

大米是中国人的主要食品。可长期以来,水稻产量不高,人口又多,农民们成年累月种田插秧，还是满足不了"吃"的需要。粮食产量低，是我国经济发展的一个大障碍。农业科技工作者袁隆平决心为国攻关，解决这个难题。在试验中，他发现天然杂交水稻穗大粒饱，产量高，但是第二年再种，就退化了，失去了优势。他就想进行一种试验，培育能保持高产的杂交水稻品种。为了这个理想，袁隆平不知花费了多少精力，有时候在试验田里观察，连家也顾不上回。经过 10 年的艰苦努力，他终于培育成功了。这种杂交水稻亩产达到 1000 多斤，在全国推广后，我国稻谷在几年中增产了 1000 多亿公斤。

只有工作到家，本事用尽，才能识得庐山真面目。王启民觉得上一次试验失败不在于封窜没有经验，而是因窜槽部位没有完成封死造成的。为了证实这一看法，他又重新检测了上述三方面资料，并组织大家讨论，改进办法，采取从高出水层挤氰堵剂，进行第二次求证。

他先后历经 12 次起下管柱，取资料，作业施工，最终取得了成功，使该井含水量降到 12%，日产量稳定在 7～8 吨，获得了较好的效果。从而证实了这类表外层不是没有开采价值，而是需在油层含水后期挖掘潜力，增加可采储量。

王启民说："生产科研中遇到的难题，用'两论'作指导，在实践中寻找答案，这始终是我工作的法宝，也是我工作中取得一定成绩的主要原因。任何时候我都不忘实践是检验真理的唯一标准这个道理。认识问题必须坚持矛盾的观点，既要看到油田开发有普遍性的一面，也要看到大庆油田地质情况有特殊性的一面，同时用发展的眼光看待油田开发，从而对地下油层的认识不断深化，由好油层到差油层，由厚油层到薄油层，一直到表外储存。我的体会是，油田开发过程中，正确的思想方法至关重要。正是在正确的思想指导下，大庆油田'油田分层开采接替稳产'、'低渗透油田接替稳产'等一系列高水平开采方式才得以成功。"

多年来，王启民在科研工作中养成了一个习惯，对资料问题绝不马虎，凡是有疑虑的坚决推倒重来，不惜跑遍油田的各个角落。在搞中区西部接替稳产试验时，为了取全取准资料，他常常和工人一起上井测试，一起作业施工。特别是油井多层含水后，有时一口井要测几次。为了编制高含水期地下油水饱和度图，他搜集整理单井资料 8 种，人工统计原始数据 1 万多个。对采集到的油田地质资料数据，他都认真分析，做到了如指掌。

1991 年，王启民面临一个困境。

当时正在研究开发表外储层技术,来自祖国各地的钻井队集中于喇、萨、杏油田,参加二次加密调整试验。正当大家都全力以赴的时候,油田却接二连三出现套管严重损坏的现象,在极短的时间内,有 3 个地区的油水井套管全部损坏,造成油田生产几乎处于停滞状态。这一"重灾"在 1985 年也出现过,之后连续两年大面积损坏,最严重的南八区有 147 口油井套损,损坏率高达 95.9%,导致部分区块不得不关井,严重威胁油田正常生产。

面对这样的情形,王启民心急如焚,带领技术骨干深入现场,进行彻底调查和技术攻关。为严查套管损坏的主因,他天天开研讨会,向现场有经验的老工人请教,听取各方意见。

其中采油一厂的中区东部套管损坏比较严重,必须尽快摸清损坏原因。王启民决定中午也不回家了,抓紧时间调查,就在附近找个地方休息。采油一厂的相关工作人员了解情况后,特意在招待所安排中饭和休息的地方,均被他婉言谢绝了。4 月份的时候,气温依然低,王启民和其他几个技术人员都在油水井现场核实资料。忙碌了一个上午之后,大伙儿都想吃顿热乎乎的中饭,找个暖和的地方休息一下。可王启民为了节省时间,便带着他们去路旁的一个小吃部草草吃了点东西,出来后便选在友谊路过街桥下避寒,还嘱咐说:"等一会儿,大家就得赶去井场。"

面对这样的情形,有年轻人不乐意了,觉得连温饱都无法满足的日子没法过,便提了意见。王启民耐心解释道:"大家委屈一下吧,现在不是讲享受的时候,我们要尽快摸清套管损坏的原因,找出解决方法。"

于是,大家便在桥下讨论起技术问题来,一谈就是一个下午,谁都顾不上抱怨条件恶劣。

采油四厂同样是套损重灾区,王启民在调查了一厂的情况后,又带着技术骨干赶去四厂继续"救灾"。为了提高工作效率,王启民仍然坚持不住招待所,而是选在套损地区附近的小旅店落脚,这样每天一早起来就能很快抵达现场工作。他就在那个阴暗潮湿、通风极差的小旅店里住了一个月,都是每天早上 7 点起床,直到晚上 11 点后才肯休息,一日三餐都是安排一个人从四厂的职工食堂打回来吃的。

由于生活条件的问题,王启民的脊椎炎和关节痛又犯了。大家看在眼里,急在心中,都劝他回院里休养。王启民哪里放得下心,一口回绝了众人的好意。他一定要待在现场,亲自监督并推动工作开展,才能吃得下、睡得着。

经过几个月的奋斗,王启民和他的团队精英们终于查清了套管的损坏原因。原来在开采薄差油层时，油田实施高压注水，由于压力增大，地层便随之变形，油水井套管受不了来自地层的过高压力，于是扭曲断裂，形成了套管破损的所谓"井瘟"。

找到原因就能防范。王启民很快便制定了整治措施，制止了这场灾祸。

其实，这样"排灾解难"的例子在王启民的生命中还有很多。比如20世纪60年代初期，中苏关系破裂，苏联专家撤走时妄下断言，说中国人对付不了蜡，有油也采不出来。因为大庆的石油属高含蜡油，天一冷，油中的蜡很容易在套管中凝结，导致出油不畅，有时严重些还会把油管封死。可大庆人就是不信这个邪，他们不但把油源源不断地采出来了，还发明了新的采油方法：把采油用的钢管换成了玻璃管。玻璃管比钢管光滑许多，被蜡封堵的可能性也低得多；但同时玻璃管也比较脆弱，会突然受"伤"，只要有一处"伤疤"，就会大量凝结上蜡。为了使每根玻璃管都"完美无瑕"，王启民和他的实验组在很长一段时间里都在晚上出动，拿着手电筒来到井场，用手电检查一根根玻璃管，黑暗中用手电光照着查看，最易发现玻璃管上的疵点。每发现一个疵点，王启民他们都会哼起小调，也算是自娱自乐了。

1994年10月，中国石油天然气总公司听取大庆油田关于三次加密先导性试验的工作汇报时，领导问了王启民许多高含水后期地下剩余油分布的问题和主要资料数据，他都能清楚准确地回答，受到总公司领导的表扬。

在编制每个开发方案时，王启民也总是经过反复研究反复论证，广泛征求各方面的意见，方案编制得不合理就修改，不改到合理绝不罢休。这些年来，王启民编制和负责审查的大小方案不计其数，都基本上符合油田开发的实际。为了编制好"八五"开发规划，他在组织好现场试验研究的同时，还组织部署了很多规划基础研究工作。在此基础上，又总结提出了编制"八五"开发规划的6条思路（即一个方针、两个战场、三个技术难关、四个阵地战、五个配套技术、六个技术界限）。

1990年，中国石油天然气总公司在无锡召开了"八五"规划评审会，王启民在会上作了大庆"八五"开发规划编制工作汇报。由于该报告理论研究与科学试验紧密结合，基础工作扎实，措施得当，目标明确，指标清楚，获得了总公司领导和专家一致好评，被总公司评为优秀规划方案奖。

在编1996～2010年（含"九五"）大庆油田长远规划方案时，他和同事们订措施，拟方案，跑现场，作汇报，在长达4年的时间里，经过多次调整，以油田地下动、静态资料为依据，大胆创新，确立了科学可行的规划方案。

实践中，王启民还体会到，要想使编制的方案切合实际，还必须敢于坚持真理,不被上下所左右。例如在编制不同类型表外储层开发试验方案时,有的领导意见不统一,王启民就和他们反复探讨,用科学的理论和真实的数据说明自己方案的正确性,使这些方案最终得以顺利实施。

王启民常说:"油田开发的对象是一个看不见、摸不着的运动实体。在油田开发中的每一个重大决策,都必须经过现场试验,取得成功后再推广,不然就会给国家造成浪费,那就是犯罪!"

# 群众路线是依靠

马克思有一句名言,用在王启民身上似乎很恰当:"在科学的道路上没有平坦的大道可走,只有在那崎岖小路的攀登上不畏险阻的人,才有希望达到光辉的顶点。"

屡次实验,屡战屡败,屡败屡战,屡获成功。在王启民的每一项科研成果背后,除了无数次的实践,还有他奉若神明的群众路线。

马列主义唯物史观认为,人民群众是创造历史并推动历史前进的强大动力。全心全意依靠人民群众,坚持从群众中来、到群众中去的工作方法,是我党一贯倡导的优良传统和作风。王启民,无疑就是其中一个优秀的践行者。

## 到工人群众中去
### ——记"新时期铁人"王启民

王启民说:"我们搞科研的必须依靠群众,群众不仅是实践的主体,而且是我们科研人员的营养基地。"这不是王启民表现谦虚的客套话,而是他30多年悟出的真谛。

1975年,为期10年的中区西部试验区已进入高含水期,多数井含水上升迅猛。这可是一个关系大庆前途、命运的问题。

有人认为:主力油层含水这么高,靠主力油层稳产已经很困难了。为了继续保持稳产,只有加大其他油层的开发。

王启民为此也十分苦恼。不开发其他油层,要稳产是困难的。然而,这些井含水虽然较高,但采收率还不到30%,不再开发这些油层,将给国家造成多大的损失啊!

为了寻找出路,王启民天天蹲在井场搞试验、取资料、作分析。清晨,天不亮就赶到现场,晚上往往七八点才回到住地。

一次,几个工人在议论这种现象时说:"这是井下的'自然水路'在作怪!"

说者无意,听者有心。王启民紧紧追问"自然水路"是什么意思。工人们说,他们在工作中凭感觉,似乎油层中有一条水的通道,注进水就顺着这条通道走了。

王启民回到住地,马上找大家研究,果然,油层分析的结果与工人的说法相吻合,水就是从油层最发育的高渗透部位流走了。这就是说,主力油层还大有潜力可挖,问题是要把工人说的"自然水路"堵住。

根据这一分析,他们认识了地下油水运动规律。依据这一规律,王启民和试验组的同志研究出对厚油层采取堵水和压裂的办法把油采出来。通过在中区 4 排 7 井试验,获得了非常好的效果,日产油量从 30 吨上升到 50 吨,含水从 80% 下降到了 20%。

1984 年夏季的一天,已是大庆油田勘探开发研究院副总地质师的王启民到采油九厂搞调查。无意间,一名年轻的技术员向王启民描述他们在搞外围油田的精细地震情况。听到这里,王启民眼睛一亮,马上拉着年轻人坐下,谈了整整一个多小时。在基层年轻技术员那里,王启民受到很大启发,回到研究院,马上就组织了一个课题组,专门搞精细地震资料的处理和解释。在九厂调查的基础上,他们对过去没有重视的油田小断层、小构造、小沙体等进行精细解释,为认识外围油田打下了首要基础。

在大庆,凡是认识王启民的人,谈起他待工人、待群众热诚真挚的情感,无不感动。

当年在中一队担任指导员的于德海回忆起王启民 70 年代带着试验组搞现场试验,和工人同吃同住同劳动的情景,他感觉依然历历在目。那时,没有动力设备,没有机动车,王启民和工人们一起人拉肩扛。工人手摇绞盘,往千米井下送垂直取样器,只要王启民在场,他决不袖手旁观。在现场,他的脊椎炎经常发作,常疼得直不起腰来,可他也不离开井场,这使井场的工人深受感动。

他平实随和的态度很是获得工人的好感,工人们没事就愿意找他聊聊天。大伙看他身体不好,常主动为他去跑资料。

那时的工人文化水平比较低，王启民就和队上商量，给工人们办技术学习班，由他来给工人讲课。这样，每天下班后，王启民的"工作"中又多了一项内容，就是给工人讲一个多小时的技术课，每半个月还搞一次小测验。懂得了技术，就了解了科研的意义，工人们采集资料、录取数据时就更认真负责了。

这一来，还调动了工人参与试验工作的积极性。王启民他们一旦总结出点成果，工人们就把它用到生产中去了。

王启民谈起这些事时说：我们科研就是为了指导油田开发实践，这叫把实验室搬到现场去。现场是最好的实验室，工人是最好的实验员。他们天天和生产实践打交道，从某种意义上说，他们对科研有着重要的发言权。

（张世斌、郭强，《工人日报》1997 年 4 月 16 日）

　　20 世纪 90 年代,大庆油田进入高水开发期,井里采出的 10 吨液体中仅 2 吨油,面临大幅度降产的局面。

　　人们又把焦灼和期盼的目光投向了王启民。

　　王启民,这位驰骋石油开发战场 30 多年的骁将,再次披挂上阵,冲锋在前,带领广大科技人员和职工,开展了轰轰烈烈的"稳油控水"科技大会战。

　　这一次,他依然没有让大伙失望。

　　到 1995 年底,"稳油控水"获得巨大成功,实现了年含水上升率不超过 0.3％。"八五"期间,与国家审定的油田开发指标相比,5 年累计多产原油 610.6 万吨,累计增收节支 150 亿元。

　　到 2002 年,大庆油田创造了连续 27 年年产原油 5000 万吨以上的纪录,而国外同类油田稳产期最长的只有 12 年,创造了世界油田开发史上的奇迹。

『稳产 27 年』震惊世界

# 打响"稳油控水"科技大会战

1990 年底,连续 15 年保持年产原油 5000 万吨以上的大庆油田,全面进入特高含水开发阶段。老井产量递减加快,挖潜难度越来越大。

大庆能不能稳产,不仅关系到一个企业的兴衰,而且直接关系到全国石油工业和国民经济发展大局。当时的石油工业远远满足不了国民经济发展的需要,而且落后于其他行业的发展速度。于是,党中央、国务院对制约国家经济发展的石油工业特别关注,下达了"东部硬稳定"的指令。

在这种形势下,作为东部油田的老大哥、石油工业半壁江山的大庆油田,原来规划"八五"期末原油产量要降到 5300 万吨的指标,已不适应全国石油生产和经济发展大局的要求。

大庆能不能稳产,事关国家经济大局,大庆石油管理局的领导人又把焦灼和期盼的目光投向了王启民。作为油田的"活地图"和"活字典",他一直象征着石油,象征着稳产。

这一次,他依然没有让大伙失望。

为了把油田高含水期尽可能地向后推迟,王启民组织科研人员调查研究,认为 90% 以上的井都还有低含水层,没动用的层也大量存在。对高含水层控制无注水,低含水层加大注水,小泵换大泵增加液量,进行注采结构调整,分层注、分层堵、分层压裂,井间加密(指打加密井以动用的油层)。这"堵、提、打、压"四个字配合好,有可能控住水,稳住油。堵水可增油 3 吨,老井转抽可增油 5~6 吨,老井压裂可增油 9 吨,新井投产平均增油 10 吨左右,这就是"3、6、9、10"工程。

局主要领导对此十分欣赏。在 1991 年油田开发技术座谈会上,王启民集思广益,提出了"稳油控水"的方针,稳油是目的,控水是手段。在具体实施中,提出要"苦干三年不过一",即每年油田含水升率控制在 0.3%,"三年不超过一",油田综合含水不超过 81%。

"0.3%? 能达到吗?"

当王启民拿出资料和图表,并得出这个结论的时候,石油管理局局长王志武不禁问道。

"能! 可以这么提!"王启民信心满满。

这种自信让王志武非常高兴,他一拍桌子:"那好,我们来个'苦干三年不过一'! 不对,苦? 这个不科学,怎么能让大家吃苦呢? 应该是巧! 对,就叫'巧干三年不过一'!"意思就是含水量增长在 3 年内不会超过 1 个百分点。

时任中国石油天然气总公司总经理的王涛来大庆检查指导工作,听到这个数字时十分惊讶:

"油田高含水后期,含水上升率每年控制在 1% 都不容易,你们控制在 0.3%,可能吗? 你们要实现了这个目标,我给你们磨盘大的金质奖章!"

王志武当即立下军令状:可以实现,但要把工作做细、做好。

接着,王启民向总公司领导汇报了实施稳油控水的情况,并一一讲述了"三年含水不过一"的可能性。领导听后表示赞许:"每次听王启民汇报,都受到一次鼓舞。"

稳油控水这一巨大的系统工程,涉及以沉积相为重点的精细地质描述等九大技术系列上百项攻关课题。全油田几万名科技人员和广大职工的积极性都被调动起来了。

王启民这位驰骋石油开发战场 30 多年的骁将,再次披挂上阵,冲锋在前。

经过群策群力和科学论证,为实施"稳油控水"工程,王启民提出了"三分一优"结构调整的具体做法和调整原则。这个方案改变了油田开发各个阶段都要提液的传统做法,很快在全油田推广应用。它使大庆油田实现了 3 年含水上升率不超过 1%,有效地控制了产液量剧增的局面。"八五"期间,累计多生产原油 610.6 万吨,少产液 24749 吨,累计增收节支 150 多亿元。

这一凝聚着油田广大科技人员和职工心血的成果,向世人宣告:大庆又攀上了世界油田开发的新高峰! 世界上同类油田高产稳产的最长时间是 12 年,而大庆到 2002 年胜利地高产稳产了 27 年!

大庆会战初期提出的"要在油田开发上当世界冠军"的目标实现了!

# 遗憾铸就军功章

1995 年,"稳油控水"这项系统工程荣获中国石油天然气总公司科技进步特等奖,并在国家'95 十大科技成果评选中名列第二。

同年,王启民由于功勋卓著,荣获了孙越崎科技教育基金奖的能源大奖,成为全国 4 名佼佼者之一。

在一片喝彩声中,王启民的心中却有着最深最深的遗憾。1992 年,王启民收到了弟弟的来信,信中写道:

"大哥,娘在前几天因患脑血栓住进了医院,由于抢救及时,现已脱离了危险,但医生说娘岁数大了,要治好是不可能了。娘现在躺在床上,不能动也不能说话,常常是一面流泪,一面用颤抖的手对着你的照片难舍难分地指点着。她老人家的意思我们明白,这是盼着和你见上最后一面。我们兄妹三人也都等着你。大哥,你回来吧!为了娘能够安详地离去,无论如何你也要回来一趟啊!"

这封家书,可说是情真意切,字字都令王启民揪心。

他想起 1960 年夏天,正在试油队实习的他负责试油的勘探资料,而且必须取全取准 20 项资料、72 个数据,并要天天观察产量变化情况,好为下一步油田勘探方向提供依据。正在这时,家里来了电报,告知父亲病故,催他速归。如果他一走,队里的试油工作就无法进行;不走,他是长子,于理讲不过去。怎么办?为了能早日探明油田,他擦干悲伤的泪,坚守在试油岗位上。当时他没跟任何人讲,只是给家里写了一封信,寄了一些钱。为此,个性耿直的二弟顾坚钧还写信来埋怨他的不孝。

如今,母亲又将离去。按常理讲,无论如何都得回去。若向组织请个假,不会不批准。可是,这一年正是为保第二个 10 年稳产、油田实施稳油控水战略的关键时期。稳油控水原则的落实情况、示范区的试验效果及下一步对策,都要在年底的技术座谈会上讨论;院里各项科研课题落实情况、年底前的成果鉴定、明年攻关项目的确定等,作为院里主管科研的领导,王启民必须逐项过问,日程排得满满的,一天当做两天用都觉得时间不够用,怎么能离开呢?

这位"不孝子"依然将忧心压在心底,继续搞稳油控水的试验。陈宝玲知道后,也劝丈夫回家看看老人。他纠结再三,对妻子说:"你以为我不愿意回家呀?当年父亲去世,我没能赶回去。这次娘重病了,论情论理我也应该回去看看,向组织请假,他们也肯定会批。可是你也知道现在是关键时刻,我脱不开身呀!咱们还是先给家里发封电报,多寄点钱,等忙过了这阵再回去。"

在百感交集的思绪中,他拍了两封电报给病中的母亲和弟弟,并两次寄去了钱。在汇款单附言栏上,他写道:"工作脱不开身,望弟妹们代劳,照顾好母亲。"他多么希望母亲可以撑住,可以再多等点时间。

离开家乡湖州这么多年,王启民只回过两次家。1989 年,他利用到南方开会的机会,顺便回了趟湖州,这座阔别 28 年的江南城市早已发生了天翻地覆的变化。王启民虽人在大庆,其实一直关注着自己的家乡。他与浙江老乡闲聊的时候便提到家乡丝绸工业的发展前景,并对此抱有极大的期待。

一踏上湖州这片土地,江南熟悉湿润的气息扑面而来,父亲去世未回家奔丧的遗憾又悄然爬上王启民的心头。只有在这个时候,他才暂时放下科研热情,内心翻涌着阵阵酸楚。母亲沈宗贤眼梢与唇角的皱纹愈发令儿子不安,尤其母亲拉住儿子的手不住地要求他"多住几天"的时候,他只能勉强挤出一脸笑意告诉母亲,自己只能待 3 天,根本无法在家过中秋。沈宗贤望着已年过 50 的儿子,不禁感叹时间的刀锋过于锐利。记得儿子刚去大庆的时候,她自己也不过 50 出头,可如今,当年她眼中的健壮小伙儿自己都已步入中老年行列。

沈宗贤忍着泪给儿子做了家乡菜,大家一起在大弟家吃了一顿团圆饭,大弟王新民、三弟王世民、妹妹王一民,甚至从小抱给顾家的二弟王爱民,都带着爱人和孩子来团聚。当年为了生存不得不分离的一家,此刻又聚到一起,再多的苦都已熬过去了,如今美食当前,其乐融融,亲情的暖流淌遍王启民全身。在这一瞬间,王启民的内疚与遗憾才略略冲淡了一些。

这三天是沈宗贤生命中感觉最短的三天,她觉得儿子才刚刚来,还未来得及让她从头到脚看个遍,他便已收拾行李打算离去。这位老母亲明白,儿子是做大事业的人,他心中必定有常人没有的牵挂。于是她只得握住儿子的手,忍着泪说道:

"儿子,你要走,我也不拦你,工作要紧啊。不过姆妈也有个要求,姆妈年纪大了,没几年好活,你可要时刻想着姆妈,有空就回来看看。记得啊!"

王启民望着年迈的老母亲,用力点点头,要她保重身体,承诺自己只要一有时间就回家看她。

孰料,这一别竟是永诀,这个儿子终究没有实现自己的诺言。母亲在病床上躺了整整 6 个月,还是没能等到日思夜想的儿子,于 1992 年 12 月 14 日撒手人寰。

当噩耗传到大庆时,王启民整个人都呆滞了,久久地在窗前凝望,落下两行清泪。窗外是那片生机盎然的大油田,磕头机正一刻不停地在奋力工作,好像是对大地母亲无数次的叩首……

王启民在心里默念着:"母亲,儿子对不起你!弟弟,你就再替娘骂骂这不孝子吧!"

像当年面对父亲的过世一样,王启民只能默默汇出一笔丧葬费,擦干眼泪,又匆匆走上自己的岗位,以此来寄托他对亲人的哀思。

也许,王启民确实算不上传统意义上的孝子,但他却把自己的一片孝心都献给了祖国的石油事业。

# 斗士的武器

油田为重！

王启民心中的天平永远向着脚下沉淀着祖国千年历史的基业。因为敢于一次次勇闯油田"禁区"，一次次挑战自身"极限"，有人把他称为"斗士"，说他一生都在作斗争。

初上大庆的时候，环境恶劣，连个像样的住处都没有，王启民只好与天斗，斗寒冷、斗饥饿。睡觉的地方一到晚上，声声悚人的狼嚎就是他耳边唯一奏响的"摇篮曲"。为了打开地下"油库"之门，王启民整天埋头研究地层，与地斗。油层经常与他玩"捉迷藏"的游戏，总是隐身在暗处，有时若隐若现，他要与这些油层斗智斗勇，用巧妙的法子让它们原形毕露，便于开采。还得有魄力，敢想敢做，拿挫折与失败当补药吃，不怕死的斗士终究能让"地"投降。

与人斗是王启民最大的难关。

他委实是不擅交际，钩心斗角之类的权术把戏对他来讲像天书一般难懂，但他懂得以诚待人，把人分为三类：可以帮助他的人，反对他的人，以及他可以超越的人。尤其是最后一类，令他闯劲满满。外国人一次次对中国石油工业下了不祥的预言，又一次次被王启民粉碎，对于这些人，他斗得开心，斗得有滋味儿。

在与人斗之外，他对年轻人始终怀有深切的关爱之心，他总是说："科学的血脉是相通的，青年是这血脉永远搏动的动力。要以甘为人梯的精神去关心培养年轻人。"

他也经常与己斗。多年风湿病缠身的后果是令他这辈子休想在人前直起腰板。江泽民总书记接见他的时候问起他的病情，他只是笑笑说自己患了类风湿强直性脊椎炎。更残酷的是,他的风湿病引发了眼睛虹膜炎,甚至还有失明的危险。领导和同事再三劝说甚至逼迫,他才不情不愿地去外地疗养了 3 个月,把身体给治好了。陈宝玲后来总提起那次经历,说若不是当初的疗养,恐怕人都要瘫痪了。

此后的王启民也终于意识到"身体是革命的本钱"了,他每天都抽空锻炼,散步,注意饮食,并且很会调理营养。但最大的健身秘诀,王启民认为还是多动脑,依他自己的话来讲:"人年纪越大上去,就越要勤奋动脑,只有脑子不停止思考,你的人才会有健康,起码不会得老年痴呆症。"王启民年轻的时候经常运动,老了还是注意尽量不让自己闲下来,时间多了便跟孙女儿打电脑游戏,以刺激大脑动作。所以尽管他如今年过七旬,浑身还都透露着中年人的旺盛精力。

是斗士,必然有斗志。他的斗志是从哪里来的呢?

首先应该是他的傲骨。王启民的傲并非假清高、故作傲慢,而是发自他内心的虔诚。英国著名作家肯·福莱特耗费 10 年著成的历史小说《圣殿春秋》里,把每个主角都刻画得生动而富有个性,其中列王桥修道院院长菲利浦便是有口皆碑的大人物。他善良又有智慧,不拘泥于陈规旧习,懂得灵活变通。许多人说他傲慢,是因为他不肯向权贵低头,宁可凭借计谋与勇气来达成理想。可傲慢并不代表炫耀或张扬,就连拜见国王,菲利浦都只穿着破旧的僧袍,并且丝毫不觉得羞愧。

真正有傲骨的人,就如王启民,一直都保持着一种谦卑与傲慢并存的特殊气质。他常怀空杯心态,吸纳意见,在研究出一些成果之后,会不断邀请专家过来一起探讨,有人会应邀欣然前往,也有人嗤之以鼻,他都不去计较。但在一直自认极有优势的美国专家跟前,王启民又展现出居高临下的一面,因为他有底气、有资本,所以总把头抬得高高的。

二是王启民能忍辱负重。心态放松,拥有一个宽容的灵魂,天地自然会变得开阔。来自战乱国家阿富汗的作家卡勒德·胡赛尼写出了催人泪下的励志小说《追风筝的人》,将自己成年之前在阿富汗的苦难经历作了一次悲怆凝重的总结。我们在书中不难发现,卡勒德一直忍辱负重,为了逃出这片硝烟弥漫、恶劣到随时摧残人性的土地,他与父亲不得不藏身在汽油桶中偷渡出境。

王启民同样忍功了得。他的想法是,只要能让他搞科研,什么苦都可以吃,什么委屈都能忍。"文化大革命"的时候,目睹种种荒诞的悲剧发生,他只能低头不语。"红小将"批他,认为他沉默就是犯错误,他却回答:"我整天工作,没时间说话呀。"一句话把人家堵死。关在牛棚的那 11 天,王启民天天惦记着油田。这场文化浩劫曾让许多人过不了受辱这一关而选择自尽,王启民却因心系油井而无暇思考自己的尊严问题。事实上,他的尊严就在事业上头,人格魅力也是靠事业将它光大的,所以他可以背负天大的委屈,卧薪尝胆,只等着被放回油田。

1966 年末是大庆油田最乌云密布的岁月,造反风弥漫整个油田,局面完全失控。"文化大革命"的劫难遍袭全国,油田生产也陷入了瘫痪。当时王进喜决定到北京向石油部领导汇报,便在当年的最后一天乘上了哈尔滨至北京的火车。

当时王启民心中也燃起了希望,他坚信黎明的曙光就在前方。

在那个黑暗时期,王启民起初对斗争形势不了解,他也是凭着良心说了句:"从中区西部稳产实践看,科学技术确是一种生产力。"

孰料就这一句话,竟然让一些狭隘的政客抓到"小辫子"。他们立刻跳起来,指着王启民的鼻子喝道:

"王启民,你搞的这一套绝不是什么科学实验,而是'唯生产力论'!你搜集资料搞科研就是想一鸣惊人!是只专不红!今后你得把搜集到的资料记到公用保密本上,不准个人私有!"

此后,王启民便被戴上了"右倾"的帽子,在单位受到批判。甚至有领导将他叫到办公室,进行训话:

"王启民,你干得有些过火,想迎合"右倾"翻案风?你可得注意政治影响啊!你怎么可以重算了储量?现在的储量竟然达到 41 亿吨?你那个算法准确吗?别尽顾着出风头,拿油田产量开玩笑!这可是关系到整个油田命运的大事!你那里虚晃一枪,上面向你要产量,你又拿不出来怎么办?!什么动态算法?以前就没用到过嘛!这算法可不可靠还是大问题!再说了,油田储量可是一级保密!"

面对这样的重创,王启民依然不卑不亢,埋头做他的事。他坚信总有一天,这些理论、这些数据终将成为铁一般的事实。"文化大革命"初期他是"反革命","文化大革命"末期他又成了"右派",每每这些"污水"向他泼来,他都默默承受,然而决不屈服。

三是王启民没有权力欲。他很多时候更像个哲人,对世事看得很透,竭力远离喧嚣,笑看天上云卷云舒。很多人自我标榜从容、平和,其实未必。唯有像王启民那样的,才是真正的智者。

接受笔者采访的第一天,跟我们聊不了多久,他便笑道:"你们啊,是带着任务来的吧?"他不是急功近利的人,只关心领导下达的任务能否完成。给他奖金他不要,全数献给科研室。最让他来劲的一项荣誉是当北京奥运会的火炬手,因为拿着火炬从室内跑到室外,像是开拓了一片新天地。

记得台湾有位名叫舒国治的作家,生性闲散,淡泊名利到令人惊诧的地步。每每提到身边腰包渐鼓的友人,他便笑道:"我跟友人对比了一下,他现在除了银行账户上比我多了几千万之外,其他也没什么区别。"而且此人半生清贫,每次都要等快山穷水尽之时,才会勉强去银行查查有没有稿费入账,按他的话就是:"你的钱暂时让别人保管一下,不是很好吗?"

一个科研人员一旦贪名贪利起来,大抵就永远干不好了。正如王启民先前说过的,清静对他很重要,名利最易让人丧失清静。

可作为一名干部,王启民始终按照党员干部的标准严格要求自己。他几十年如一日,兢兢业业、克己奉公、淡泊名利、不徇私情,体现了一个共产党员的宽广胸怀和高尚情操。他对车子、房子、级别这些一般人感兴趣的东西,从来都看得很轻。那时他没有专车,有时因开会要的车来得不及时,会上迟到被领导点名,他也不冲司机发火。在院内,上班工作他从来不坐车,无论是去哪个科室,他总是步行。后来单位给王启民配了专车,司机时常在公司停车场等他到深夜,但是司机从无怨言,他已经习惯这位精力旺盛的王老的工作作风了。

王启民一家三代同堂住在院内旧楼的一层。本来他可以到龙南小区去住宽敞的大房子,可为了守着他多年来积累的油田开发资料,为了晚上能随时来办公室加班,他就是不同意离开研究院到外面居住。

因为工作脱不开身,儿子王庆文要结婚,老两口给他办了一场朴素的婚礼。个别下属知道后送来了贺礼,都被王启民婉言谢绝了。王启民做人清白,为官更是清廉,从不以权牟私,也不为子女及家属开方便之门。他对自己的要求更是严格,去北京开会也常常坐公共汽车去开会地点报到。

名利淡如水,事业重如山。这就是王启民的人格。

# 走向世界的征程

因为工作缘故,王启民的脚步经常要跨出国门。

出国对他来说,意味着三件事:一是交流,二是学习,三是传"道"。

在与王启民的交流中,我们总能听到他对事物的新见解、对国内科研环境的建议与期望,也会对比一些国家的科研环境谈他的启发,以及引发的一些思考。其中让王启民最津津乐道的国家是以色列。

该国早在 1973 年便与阿拉伯开战。以色列军队当时要求以色列科技学院的一些教授找到能够追踪到俄制导弹的方法,学院的教授们在两天时间内便完成了这个任务,可见以色列的科研人员时刻都处于高度压力之中。2006 年在和黎巴嫩冲突的头几周里,连科技学院都关闭,但令人意外的是,这个国家的科技行为仍然保持着空前的发展势头,它从风险资本家以及跨国公司那里吸引的投资也史无前例得多。高科技公司累计达 2642 家,每2400 个以色列人就拥有一家高科技公司。它们中的一些公司,比如 Check Point 软件技术公司和 Amdocs 已是上市的全球性企业。

因此,在当时以色列的政治与军事环境中,这种发展显得尤其引人注目。同时,以色列政府对高科技的孵化工作相当关心,政府的首席科学家办公室也组建有全国性孵化器项目。这个办公室主要寻找创意发明或者实验项目,帮助它们成立公司,其年度资助金额多在 20 万~40 万美元之间。外国公司也对投资以色列的新公司很感兴趣,摩托罗拉等跨国公司早在 20 世纪 70 年代就在以色列开办了研发办公室,英特尔也在 1980 年进入以色列。

以色列在"乱世"的困境中开出科技昌盛之花,相形之下,中国的科研环境肯定没有受到如此大的威胁,但王启民认为科研人员还是得提高警惕,不断逼自己,才能出成就。人家是在枪林弹雨中创新,我们在和平的环境下,难道还不能搞出好成果来吗？

王启民去过俄罗斯，向那里的专家推广他的表外储层开采技术。

俄罗斯与我国大庆一样，主要是陆相生油，原油主要蕴藏在东部与北部地区，仅西西伯利亚和伏尔加—乌拉尔地区的原油储量就占全俄的 3/4 左右，其次为季曼—伯朝拉地区。俄罗斯的原油生产主要集中在上述三个地区，其北部油海及近海地区将是有希望的原油蕴藏区。

西西伯利亚油田的采油区主要分布在秋明州，故称秋明油田，因其开发晚于原苏联的巴库油田和伏尔加—乌拉尔油田（称第二巴库），故而又称"第三巴库"。这里是俄罗斯最大的石油储集区和产区，油田面积达 150 万平方公里，远景储量 240 亿吨，其中探明储量约 40 亿吨。该油田与大庆油田一样，于 20 世纪 60 年代初开始建设，至 70 年代末已超过伏尔加—乌拉尔油田的产量，跃居全俄第一位。90 年代初，其产量已超过 4 亿吨。西西伯利亚油田内共发现 150 多个储油区，已开发的有 40 多个，其中重要的有萨莫特罗尔、乌斯季—巴雷克和萨雷姆等大型油产区。西西伯利亚油田通过多条管道将原油输向原苏联各大炼油厂，进而把原油转运到黑海、波罗的海和太平洋沿岸油港，向国外出口。

在如此强势的石油大国面前，王启民仍然将大庆的采油创新技术毫无保留地讲述给俄罗斯专家。专家们对此的反应是既觉得神奇，又不屑一顾。像王启民他们这样善用资源、方法简单独到、讲究"三创"的科研人员实在少见。

"三创"就是：原创、首创和独创。

俄罗斯由于原油资源异常丰富，远远未到需要"敲骨食髓"的地步，因此他们的开采技术也必然是"落后"的。就因为资源储量的差异，他们自认为还没有开采表外储层的必要。

那么，王启民和他的团队的心血结晶究竟是哪些国家急需的呢？

首当其冲的就是美国。

据美国能源情报局公布的数字统计，美国已探明石油储量超过 209 亿桶，居世界第 11 位；2007 年美国石油日产量达 510 万桶，居世界第三。德克萨斯、阿拉斯加和墨西哥湾是美国主要产油区，其中墨西哥湾地区集中了美国大部分石油和天然气海上钻井平台，石油产量约占全国总产量的 25%。此外，美国一些地区虽然石油资源丰富，但出于长远能源战略和环境保护等多种原因，有关近海石油被明令禁止开采。

近年来，美国石油产量呈下降趋势。作为世界最大的石油消费国，美国石油消费多年来严重依赖进口。当年美国总统布什因国际油价持续上扬，考虑石油增产，并首先寻求解除近海开采石油的禁令，他认为解除禁令，美国将能增产 180 亿桶石油，足够美国消费两年半时间。但环保人士提出抗议，表示解禁近海开采石油可能对当地海岸造成污染，破坏海洋生物的生存环境。另外，新增产量是否足以平抑油价也是人们争论的焦点。

然而，就在僵持不下之时，美国参议院于 2008 年 9 月 27 日批准了近海石油的开采，长达 27 年的开采禁令被解除，以解美国燃"油"之急。

事实上，由于美国交通运输业占其石油总消费的 65% 以上，加之汽车行业快速发展，因此以汽油为主体的石油产品需求有较大幅度的攀升。美国能源部预计在今后的 20 年中，美国石油消费将增长 33%，天然气消费增长 50%，到 2020 年美国石油消费量将达到 2600 万～2700 万桶/日。

可见美国人求"油"若渴。

王启民与他的实验团队开创的几套新采油技术对美国人来讲，尤其重要。

但王启民带着新技术与美国人沟通交流的时候，却总是怀着空杯心态，不为现有的成绩而自满。相反的，他虚心学习美国人的科研技术及实验方法，吸取大量意见，回来后对现行的开采方式进行改良。

在与美国人打交道的时候，王启民总以日本人派科技小组去美国学习制造电视机的典故激励自己。

电视机是美国人发明的，当时日本松下公司与索尼公司派出他们的精英团队去美国学习。在通信条件尚不发达的 20 世纪 70 年代，他们每天源源不断地将制造流程及重要细节传到日本国内。不久之后，日本人自己制造了本国第一台电视机。到了 80 年代，美国市场上几乎看不到自己国家生产的电视机，甚至美国人自己都承认在电视机市场竞争中失败了。日本人在生产电视机方面精益求精，发展高清晰度的电视，很快占据了市场。

所以说，要想发展得更快更好，就必须要学习，适当模仿，最后超越。

令王启民最难忘的出国之旅，应该是 2007 年的苏丹之行。

苏丹能源和矿产礼堂在 2007 年 6 月举办了一场讲座，请来自中国大庆油田的数名专家向苏丹同行传授石油生产经验。当时礼堂内座无虚席。

作为非洲最大的产油地，苏丹的石油勘探也是始于 1960 年初，起初的勘探活动主要集中在红海。唯一比较显著的海洋油气发现是雪佛莱公司于 1976 年在红海 Suakin 发现天然气。截至 2004 年 1 月，苏丹探明石油储量为 5.63 亿桶，比 2001 年估计值 2.62 亿桶增加了 1 倍多。截至 2004 年 6 月份,苏丹的平均原油产量为 34.5 万桶/天。当时预计到 2006 年底,苏丹的原油产量有望达到 75 万桶/天。

面对如此丰富的采藏资源,王启民却发现苏丹开采石油有一些问题。当地无论是开采设备还是开采技术都相当落后,还停留在温和注水阶段,对地下油储也没有精确地研究与计算,只是随注随采,采完拉倒。由于他们不愁资源,所以似乎对高端的精细采油技术不太容易接受,思想观念上存在差距。因此与苏丹方面的谈判变得非常困难,但王启民与其他几位中方代表依然坚持了下来。大庆石油勘探开发研究所负责海外关系发展的副主任刘波,曾经这样形容王启民在苏丹的工作表现:

"当时项目谈判进度缓慢,王老不太懂外语,却一直陪着大家,参与谈判工作,有时候一坐就坐到半夜,非常能吃苦,在精力和体力上都胜过很多年轻人。"

从 6 月 14 日以后,王启民发挥铁人精神,带领中国石油专家技术团在苏丹连续作了 3 次大规模讲座,收到了中苏双方技术和管理人员的热烈反响。6 月 17 日,在苏丹大尼罗公司技术讲座结束后,大尼罗公司副总裁约瑟夫专程把王启民邀请到自己的办公室,向他表达了自己的敬意,并对大庆油田连续 27 年产量过 5000 万吨的成就表示钦佩。

随后,约瑟夫与王启民探讨苏丹油田的地质状况,都认为与大庆油田非常相似,因此开采大庆油田的技术也完全适用于大尼罗公司,更适用于苏丹的其他油田。借鉴应用大庆油田的稳产高产技术,可以让苏丹油田少走许多弯路。

王启民专家技术团连日来分别为中国石油苏丹项目的中方技术人员、大尼罗公司和苏丹能源矿产部作了专题报告,介绍了自发现大庆油田以来在不同时期采取的开发技术和提高油田采收率技术。他的精彩报告获得一片掌声。

苏丹国家石油公司技术经理穆罕默德·哈桑询问中国专家:"大庆油田是如何不断提高采收率的?"

王启民回答说:"开始时,大庆油田采取笼统注水的方法,但在操作过程中发现,各油层含水量上升快,产量下降也很快,采收率低于 20%。后来,油田采取了分层注水、分层开采等方法,根据每个油层的不同情况采用不同的注水方式,并随时进行观察,掌握油层情况。这些方式有效保证了大庆油田的稳产高产。"

苏丹同行对大庆油田在以注水开采方法使产量达到极限之后如何通过

改进技术继续维持高产的经验很感兴趣，因为这也是苏丹一些油田经过 10 年开采后即将面临的问题。中国专家向苏丹同行们详细传授了聚合物二次开采法等先进开采方法，其中包括一些世界先进技术，增加了苏丹同行们对本国石油产业未来发展的信心。

苏丹红海石油公司工程师马希尔·艾哈迈德在讲座结束后，激动地对记者表示，这次讲座使他受益匪浅。如果没有中国的帮助，就不可能有苏丹石油产业的迅猛发展，苏丹国家经济发展也不可能在最后几年取得显著成就。中国向来无私地向苏丹提供一切帮助，包括宝贵的经验和技术。今天的讲座再次证明了这一点。他将这些讲座内容详细地记录下来，以便与同事们共同学习研究。

由此，王启民与大庆的科研团队为世界石油开采事业又打开了一扇明窗。

他知道技术进步是无止境的，只有不断交流、共享，才能共同向更高的目标迈进。

# 第七章

"祖国培养了我,油田造就了我,我就用一个又一个科技成果反哺深爱的石油事业和祖国母亲。"

从20世纪60年代的"高效注水开采方法"、70年代的"分层开采,接替稳产"开发试验、80年代的向表外储层要资源、90年代的"稳油控水"系统工程,到如今用聚合物驱油实现主力油层"三次开采",王启民几乎领衔了大庆的每一次技术革新。

他用科技创造了大庆"青春长驻"的奇迹,也用自己的青春践行了回报祖国的誓言。

1997年1月1日,中国石油天然气总公司授予王启民首届"铁人科技成就奖"金奖。

颁奖大会上,王启民说:

"我所取得的每项成绩都包含着油田许多科技人员和现场工人的心血,我只是他们的代表,是代表他们领奖的。至于这10万元奖金,我个人不能要,把它作为勘探开发研究院的科研奖励基金,以鼓励更多年轻同志出成果。"

巨奖转赠『王启民们』

# 慷慨无私的获奖者

进入 20 世纪 90 年代,大庆油田全面进行高含水期开发。

从国民经济发展的大局出发,国家要求石油工业"稳定东部,发展西部",中国石油天然气总公司要求"东部要硬稳定"、大庆油田要"雪中送炭"。

如何寻找一条既不大幅度提液,又能保持稳产,切实可行地把稳油与控水统一起来的开发新路,成为王启民的新课题。他为此呕心沥血、殚精竭虑,组织科技人员共商油田长期稳产计划。通过潜心研究,他认为合理进行注采结构和产液结构调整,可以将高含水期向后推移 5 年或更长时间。

设想成熟后,王启民多次向石油管理局领导作汇报。前来大庆检查指导工作的中国石油天然气总公司总经理王涛听后兴奋地说:

"你们要实现这个目标,我给你们做个磨盘大的奖章。"

君子一言,快马加鞭。王启民和他们的团队发奋努力,获得的荣誉、奖章果真是"磨盘大"的。

1997 年 1 月 21 日上午,在中国石油天然气总公司礼堂召开了 1997 年度奖励表彰大会。总经理周永康代表总公司授予王启民"铁人科技成就奖"金奖。

这是 94 名获奖者中唯一一个金奖。

其中还有一个鲜为人知的小插曲。"稳油控水"项目获得了国家科技进步特等奖后,总公司科技奖励评审委员会也在反复斟酌,最后暂定金奖空缺,初定给王启民一个铜奖。

周永康听了当即反对:"怎么给铜奖?项目是金奖,创造者给个铜奖,说得过去吗?!一定要给金奖!"

于是,"稳油控水"系统工程荣获国家科技进步特等奖,王启民获"铁人科技成就奖"金奖。

但由于时间紧迫,金质奖章原本没有准备。只好跟王启民商量,先用铜牌代替一下,拍个照,反正颜色也看不太出来。于是王启民乐呵呵地捧着铜牌照了相,有这个荣誉就行,奖牌是金是铜,根本不重要。

一个月后,公司终于给王启民补了一块货真价实的金奖奖牌。

金钱对王启民来说,重要又不重要。

就在1月15日,他向总公司召开的"新时期铁人"命名大会报到之时,随行人员替他安排在距会场较近的石油勘探开发规划院招待所,并特意为他安排了高级套间,每天412元。王启民一听这个房价,说太贵了,坚持不入住,非得找间便宜的。他自己拿着房间钥匙,从十层楼下到一层,找总服务台调换房间。总台服务员告诉他房间已经住满,不能再调换。王启民跟服务员磨了半天,最后还查看了登记簿,才相信客房满了,于是他在那高级套房里住了一晚,次日一早便退房,搬去会议指定的塔里木宾馆。

他的"抠门"可见一斑。

另一方面,总公司为了鼓励科技人员推动石油工业科技进步和各项科技增效而努力攻关,还奖给王启民10万元。王启民领取奖金后,对记者说:

"总公司把这次铁人科技成就的唯一金奖授予我,并不是说我取得的成绩最大。我取得的每一项成绩都包含了油田许多科技人员和现场工人的心血,我只是他们的代表,是代表他们领奖的。总公司将这一称号授予我,也是期望我为大庆油田长期稳产作出更大贡献,对我既是巨大的动力,也是巨大的压力。我必须以更高的热情投入科研工作,报答各级领导的关怀和厚望。"

这10万元奖金王启民没有要,而是转赠给院里做科研奖励基金。

他说:"工作不是我一个人做的,我只是油田千万个科技人员和现场工人的一个代表,这钱我一分不能取。我想把它作为勘探开发研究院的科研奖励基金,以鼓励更多年轻同志出成果。"

可见,王启民对钱的态度是"公私分明"。他反感铺张浪费,但在科研事业上的投入却又极为慷慨。他觉得科学的血脉是相通的,青年是这血脉永远搏动的动力。

# 克己奉公的引领者

王启民把 10 万元奖金全部贡献出来之后,有记者专门就这事写了一篇报道,标题还挺长:《贡献巨大　组织重奖 10 万——可喜可贺;胸怀博大自己不收一文——可敬可贺》。

看到这个很像对联的题目,我们忍不住想给加个横批——慷慨无私。

不过,采访中王启民的同事和下属并不认为他是一个大方的人,他们多次提到王启民有一个"坏毛病",那就是"抠门"。

1995 年夏天,大雨倾盆。王启民在哈尔滨汇报大庆榆树林油田和头台油田的产能情况,省领导对他的汇报表示肯定,并提出修改意见,要求在第二天上午 8 点正式召开大会,听取汇报。由于修改幅度较大,报告需要重新打印,而这时已经是下午 6 点,他得赶紧找个印刷厂,可连续找了几家,都因为价格太高而没谈妥,最低的一家开价也要 3.5 万元。王启民琢磨着,如果在研究院印最多也就几千块,厂家的人怕丢了生意,还劝他:"你这活要得这么急,价钱肯定高。反正是公家的钱,何必这么认真呢?"

王启民一听也急了,回道:"公家的钱就不是钱啊? 我回大庆印去!"

随后,他便给研究院打了个电话,让调度通知出版室主任陈有才做好准备,然后回到车上,满怀歉意地对司机说:"辛苦你一趟,我们回去。路上小心点。"

随即,汽车冲进雨幕,向大庆驶去。

车子刚开到肇东,雨势又大起来了,车窗的雨刷来回摆动,却刷不掉一层层迅速蒙盖在玻璃上的雨雾。司机心里也在犯嘀咕:这么大雨还跑高速公路,不出事还好,一出事可就完了。为了节省这 3 万块,就这么老远从哈尔滨往回赶,何苦呢?

王启民可没把这点雨放在心上，一味惦记着报告能不能及时完成。为了给后面的工作节省时间，他把车上备用的手电筒拿出来，借着微弱的光亮，在车里修改起报告来。因为车身颠簸，光线又暗，他很快就觉得眼睛又酸又胀，腰也疼得不敢动。司机看见自己的老领导这个模样，刚才心底的那点怨气也烟消云散了，取而代之的是敬佩之情，于是竭力将车开得平稳一些。

深夜 11 点，车子终于回到研究院。王启民让司机回家休息，自己则迫不及待地将报告中需要改动的地方向打字员一一说明。讲完以后神经刚刚放松下来，才觉得肚子在咕咕叫，这才想起自己没吃晚饭。陈有才知道后在办公室里找了半天，翻出两包方便面。王启民接过来，笑着说："不错啊，还能吃上热面条。"

吃过饭后，王启民便又忙活起来了。陈有才提醒他次日一早还要开会，让他早些回家休息。他当即摆手回绝："不行的，这份报告太重要，我放心不下。"然后他便开始协助校对工作，和大家一起收片排版、印刷，甚至参与最后的装订。

大家看着王院长弯着腰，双目赤红，精神却异常饱满，不禁被他的斗志感染，都干得相当起劲。

凌晨 4 点 20 分，王启民终于带着一百份散发着油墨香的报告坐上等在外面的汽车，又冒着大雨回到哈尔滨。当他拿着报告走进会场时，离开会时间仅差 10 分钟了。直到这一刻，他悬着的一颗心才缓缓放下，长长地舒了一口气。

其实，从会战时的"干打垒"、"五两保三餐"等物质极度匮乏环境中一路走来的人，大多有着吃苦耐劳的特性。尽管后来条件改善了，但王启民一直没有丢掉艰苦奋斗的传统。

1987 年，油田上相继出现了 3 个套管损坏区，它的特点是在极短的时间内一个地区的油水井全部损坏，直接威胁着油田稳产。在这种情况下，王启民带领几个技术骨干，先后到套管损坏严重的采油四厂、一厂进行现场调查。

到采油四厂后，王启民他们一头扎进了离套损区较近的一家个体旅店。这家旅店的条件很差，走廊外面的窗户没有玻璃，房间的地上是坑坑洼洼的湿土，走在上面直粘鞋，被褥也是潮乎乎的。随行的小伙子小声嘀咕了一句：这样的地方，叫人怎么住呀！王启民对他说："这比会战时住的地窖强多了。"

就这样,他们住在这个潮湿、阴暗的小旅店里前后一个月,每天早晨 7 点起床,工作到晚上 11 点以后。为了节省时间,他们白天跑地质大队看资料,晚上再借回资料来研究,吃饭则由随行的小伙子到四厂职工食堂去打回来。旅店里的床上有虱子,王启民他们常常半夜被咬醒,起来抓虱子,颇有会战时期的味道。

环境较差,又得不到较好的休息,王启民的脊椎炎和关节炎都犯了,有时痛得直不起腰来,就用拳头一边捶着腰,一边坚持工作。同事看到这种情景,都劝王启民回院里养一养。当时他的儿子正要高考,家里也打电话催他回去,可工作一忙起来,他竟把这事忘在了脑后。

在采油一厂,他们也未惊动任何领导,前后 10 多天都是早出晚归,白天查找资料,中午找个小饭馆随便对付一顿,经常是一饭一菜。吃完了饭没地方去,他们三人就靠着友谊大街天桥下的一根柱子,一起讨论工作。地质大队的人见他们这么辛苦,提供了中午休息的办公室,也被婉言谢绝了。前后一个多月的时间,他们基本上搞清了套管成片损坏的原因,经过与采油厂主要技术人员进行座谈、讨论,拿出了切实可行的防治措施,有效地控制了成片套损趋势的蔓延,保证了油田的正常生产。

王启民就是这样的"抠门"、这样的"苛刻"。据说他在北京受奖时,退掉了别人给他买的头等舱机票,换了相对便宜的火车票。他当上院长的第一年,公费医疗的"红本"上只花了 61.8 元;院里几个人和他一起去北京出差,几天的饭费只有 300 元。

采访中,我们听闻王启民 1996 年担任大庆石油勘探研究院院长之前,也曾遭到反对。有人认为他只适合搞科研工作,对管理一窍不通,应该让管理经验丰富的人来做院长。但王启民用事实证明,他坐领导的位子的确合适,因为自己搞的科研项目不容掺水,所以管理工作也不容掺水。他常说:"我们只有给国家创造财富的义务,而没有浪费国家一分钱的权利。"

本着良心做事是王启民一贯的态度,他会一直带到棺材里去。

# 淡泊名利的践行者

　　在王启民心里,科学最重,名利最轻!

　　在拿到中国石油天然气总公司授予的首届"铁人科技成就奖"金奖后,王启民用行动昭告天下:奖是大家的,奖金也是大家的。他对记者说:"成绩是大家的,如果要写,就写上'王启民们'。"

　　他告诉自己:离开党组织的关怀,离开同行们的团结协作,离开了集体,我将一事无成。

　　他当上石油勘探研究院院长那年,已满 59 岁了,按常规已经到了退休年龄,可总公司和石油管理局的领导却让他在二次创业中担负了更重要的责任。

　　在旁人眼里,这可是一个耀眼的职务,手里握着研究院的人、财、物大权。

　　曾经有个挺热门的说法叫做"59 岁现象"。政治领域中俗称"最后捞一把",是指领导干部在即将离退休前夕认为"有权不用,过期作废",大肆贪污受贿的现象。经济领域中主要是一些国有企业领导在退休前一反几十年守法努力工作的常态,为自己大牟私利、侵吞国有资产的现象。

　　综合来讲,"59 岁现象"就是由于某种权力或者利益的丧失,引起心里的不平衡,产生不安、压力、恐惧等症状,为了摆脱这些症状而采取的一些极端的、以损害他人利益为前提的、为自己牟利的、不正当甚至不合法的行为。

　　王启民恰好是在 59 岁担任了要职,可是他却一点也不像"59 岁现象"中诠释的那样善于把握"机会"。刚接任,他就主动找到院党委书记、常务副院长曾玉康,提出:"咱俩搭伙计,人、财、物的权力归你,我的任务是抓科研。"

曾玉康起初并不答应,王启民固执己见:"让我当个名誉院长最合适了,院里的全面工作你都管起来,我就一门心思搞科研了。"

曾玉康拗不过王启民,两人达成了默契。

甩开了权力,王启民倒是觉得一身轻松了。他说:"只有把别的看淡了,才能把事业看重了。"

甩开某些诱惑,对王启民来说并不是第一次了。有一次,一位曾和他一起工作多年、当时在石油部担任局级领导职务的老同志对他说:"你身体不好,大庆气候不适合你。你说一声想上哪儿,我给你办。"

王启民想都没想就摇头了:"大庆的情况我熟,我哪儿也不去。"

还有一次,王启民应邀到一个兄弟油田去进行技术指导。这个油田的领导向他承诺,只要他愿意调去工作,可以给他重要的职位。他说:"我不是当官的料,与其当不了一个好官,还不如实实在在为大庆油田解决一两个问题。"

对于车子、房子、级别、奖项这些大多数人感兴趣的东西,王启民从来都看得很淡。他的所有科研资料在研究院是公开的,无论是谁,研究什么课题,借用他哪一方面的研究资料,他都有求必应。

在旁人眼里,王启民身体是瘦弱的,但胸襟却很博大,从不计较个人名利。几十年来,他写出不少有影响的论文,但更多时候是在为别人的成功创造条件。身为院里的技术负责人,多年来,他组织科研人员写出了几千篇报告和论文,可是,只要不是他亲自主笔和负责的项目,从不让署他的名字,而是在"审核人"一栏里认认真真地署上"王启民",甘愿承担责任。

大庆采油一厂总地质师隋新光,1986年大学毕业后,一直在王启民的领导下工作。他给我们讲述了一段王启民甘为人梯的佳话:

"1996年,在北京召开世界地质大会,研究院要在会上宣读论文。为了拿出能够代表大庆科研水平的论文,王启民亲自组织了一个课题组,确定了撰写题为《大庆油田河流三角洲沉积模式》的论文。写作期间,王启民多次和课题组的同志一起讨论,从论点、章节到每个数据都一一推敲。从初稿一直到最后定稿,他花费了很大的精力,付出了不少心血。

"这年9月,王启民和青年工程师吕晓光一起进京参加会议。到了北京后,他们才知道会议只给一个名额。吕晓光认为,身为院长的王启民到会上宣读论文是绝对顺理成章的。可他丝毫没有想到,王启民郑重地把会议出席证挂在他的胸前,说:'你去吧,到会上好好讲。'吕晓光一下子懵了,他急切地说:'这怎么行,这怎么行?'王启民笑了,说:'去吧,让外国专家看看咱们青年专家的水平。'吕晓光看着王启民那真诚期待的目光,半天才用力地点了一下头。那一天,他西装革履地站在大会的讲台上,镇定自若,谈吐自如,引起全场各种肤色的石油专家们的强烈反响,他为大庆油田争了光,为中国石油科技人员争了光!"

王启民

# 民主团结的倡导者

如同足球场上每一个进球都是大家默契配合的结果，王启民说他的每项成果都包含了油田许多科技人员和现场工人的心血。

所以，中国石油天然气总公司把"铁人科技成就奖"金奖颁给了他，他又把荣誉归于大庆油田6万多科技人员，他认为自己只是一个符号。

回想当年，王进喜"当了干部还是钻工"，长年深入基层，与工人同吃、同住、同劳动。他说："干部是带领群众的，要以身作则带头干，参加劳动，决不能指手画脚。有好些干部犯错误、脱离群众、不参加集体生产劳动是一个重要原因。"

多年来，王启民以"铁人"为榜样，把技术人员、工人群众看成事业的主体，而坚持走群众路线、讲究学术民主、吸收群体智慧，也正是他取得事业成功的关键。

确实，油田高产稳产技术的研究和探索与其他科学技术一样，是一场永无休止的攻坚战，也是多个部门、多学科的联合作战。王启民所负责的研究项目有的是事关全局的重大科研课题，参加者少则几个人，多则几十人，上至技术专家，下至生产工人。在工作中，他从不以领导干部或科技专家的身份自居。每承担一个科研课题，每搞一次现场试验，他都仔细倾听群众的意见，注重发扬民主，坚持集思广益，发挥其他同志的积极性和创造性，自己则在课题研究中发挥自己应有的作用。

多年来，经过王启民审定、把关的方案和报告已记不清有多少了，而修改别人的报告，他养成了用铅笔改的习惯，从不强迫别人接受自己的意见。对于修改后的报告，总是与编写人详细讨论，反复讲明为什么要这样动或那样改，取得编写人的认同。

在个别试验项目上，与领导的意见不统一时，从不自以为是，而是尽量把工作做深、做细，用试验的实际效果来说明问题，争取让领导接受自己的观点。

与王启民共事多年的老下属宋永，还记得 1992 年头台油田拉开勘探开发序幕的情形。头台油田位于大庆油田地下的含油砂岩，质地非常致密，渗透率很低，而且裂缝极为发育。一些石油地质专家认为这样的油田开发难度过大，不主张开发。可王启民却认为，只要地下有油，就能采出来。虽然头台油田地质复杂，采油得像用小刀从骨头上剔肉，可是，从油田稳产的大局出发，头台油田的开发势在必行。

开发初期，由于对头台油田地下特殊油藏缺乏科学认知，许多油井在初期注水时就出现了严重水淹，产量无法达到设计要求，油田开发陷入被动。

每到这个时候，大家总会想到王启民，请他来现场指导。王启民本来不分管外围油田开发技术工作，可大家都是开发油田，工作目标一致，所以每次他都欣然前往，跟大家一起研究分析。

宋永当年已调进头台油田任高级工程师。他每次回研究院，都会向王启民汇报头台油田开发情况，让王启民随时掌握油田动态。宋永还将技术报告送到王启民处审查，然后与他一起探讨技术问题。王启民总是对宋永说："头台油田开发前景是十分光明的，你们要有信心。只要你们扎扎实实地搞好调查研究，真正掌握地下油层客观规律，因势利导，就一定会取得成功。"

根据王启民的指导建议，头台油田的科技工作者为了更深入了解油层地质特点，对地质进行深剖，重新解释了油田 1749 口测井油线，并建立 10 条骨架对比剖面，重新落实了扶余、葡萄花两套油层的断层，绘制断层变化图、构造图，建立葡、扶两套油层 13 种沉积微相模式，完成 43 个单元沉积微相图的绘制，并建立三维地质模型，全面剖析了储层的构造和沉积特征。

彻底掌握头台油藏的特殊规律后，他们发现，处在同一井排的油井，之所以很快见水，是因为地下裂缝是连通的。开始他们只知道这一地区裂缝极为发达，但不知道它们像根须一般互相连通，因此这边的水井注水，很快会淹了那边的油井。

根据这一规律，科技工作者们便尝试减少注水。可是一减少注水，同层压力便迅速下降，采油又成了难题。王启民当时一再倡导要因势利导，那么，这个"势"要怎么"导"呢？科研人员左思右想，便提出"线状注水，沿裂缝注水"的开发设想。就是利用裂缝，将一排打在裂缝上的油井全部转为注水井,以此加大注水力度,使地下裂缝注满水后再向两侧推进,裂缝两侧的油井便可正常出油。

宋永将这一设想向王启民汇报,王启民认为想法非常好,便全力支持现场试验。

随后,头台油田就开辟了"线状注水"试验区,效果良好。

此后,头台油田的产量节节攀升,连续稳产,为油田稳产提供了又一保障。

头台油田与榆树林油田同属外围油田,都不属于王启民的管辖范围,可王启民对这两个油田的情况却了如指掌,每次省领导要了解这两个油田的产能情况,也都是王启民负责进行汇报。可他从不邀功,尽量推荐后辈,肯定他们的成绩,支持他们的实践工作。他曾说过:"老'铁人'是艰苦创业,我们科技工作者要艰苦创新。"这其中的"新",其实也包含了他对新人的提携与关爱。

王启民始终认为荣誉是大家的,不是个人的,因此哪里有需要他,他都会甘当科研的"垫脚石",这样才能有朝一日站上荣誉的顶峰。

1997 年公映的美国电影《心灵捕手》,讲述了一个根据真实事件改编的故事。马特·达蒙扮演的男主角威尔天赋过人,是罕见的数学天才。但是他出身寒微,上不起大学,终日跟朋友们打架闹事,仗着自己的小聪明,每次都在法庭上自辩成功,蒙混过关。这样一位顽劣的天才,终于被送到心理辅导专家桑恩教授那里接受治疗。威尔因为自己的高智商而有些看不起桑恩,之前他就已经戏弄过好几个专家了。可桑恩为了打开他的心扉,率先将自己生命中的痛处向威尔坦白,因此得到威尔的信任。桑恩教授以高尚的人格、真诚交心的态度,令傲慢的天才心悦诚服。

可见,好的导师就是在帮助别人的同时为自己增添荣耀。格斯·范·桑特执导的这部感人至深的电影,实至名归地得到了奥斯卡的垂青。

如今的王启民,也是手捧科研事业的"奥斯卡"奖杯,缔造一段段感人的创业神话。

宋永曾经感慨地说:"王启民如果为了出名,可以发表更多的论文,可以出很多书,可以获很多的奖,可他为了油田的开发默默工作,从来不图任何回报。早知道能出这么大的名,我一定会把他的一言一行全都记在小本子上。"

可见王启民从前在这些同事眼中是多么平易近人,谁都没想过他"走红"会是个什么情形,而当时的老战友们还亲切地唤他"王罗锅"或者"八道弯"。

昔日"铁人"的人拉肩扛、"让地球抖三抖"靠的是集体的力量。如今，油田二次创业需要科技人员面对一张张地质开发图，把自己的身心融入千米地下，同样靠集体的力量。民主出智慧，团结出力量，王启民信心满满：

"我们不会令后人失望的，'铁人'未竟的事业，大庆油田的美好明天，将被我们的双手描绘得更加灿烂辉煌。"

王启民

# 科技后浪的推动者

1997年初,王启民献出总公司奖励给他的"铁人科技成就奖"10万元,把它作为勘探开发研究院的科研奖励基金,以鼓励更多年轻人出成果。

同事对于王启民来讲,是工作中最重要的伙伴,如果不是团队的力量,他自认也无法取得如此巨大的成就。在王启民的"友情字典"里,同事与后辈始终都是排在前列的。尤其对于培养年轻人,王启民总是尽力为他们创造条件,给他们压担子,让他们在实践中锻炼成长。他很喜欢与青年科技人员坐在一起讨论问题,帮助他们解决科研生产中遇到的难题,并亲自指导他们的科研实践。

隋新光说:"接触王院长,不用很长时间,你就会对他产生由衷的敬意。我们年轻人聚在一起谈起王院长的时候,都觉得他很了不起。他的大脑简直就是大庆油田的地质'数据库'。从油层变化到注水开发过程中的油水运动规律,整个大庆油田5000平方公里地下层层叠叠的岩层似乎都沉积在他的胸中。"

有一件事让隋新光难以忘怀:

"那是1993年7月,全国储量委员会将在大连召开一个重要的会议。院里决定派我去参加。我收集整理了大量的数据资料,写出了大庆喇嘛甸油田各开发阶段采收率评价报告。报告出来后,已是下午3点了。第二天我就要去开会,怀着不安的心情,我把报告送给王院长审阅。当时心想,我没能给王院长留下足够的时间,他大概不会仔细看的。可是,王院长连饭都没有吃,一直看到6点半。当他把报告还给我,我翻开一看,心里不禁涌起一股热流。30页、2万多字的报告,每一页上都留下王院长修改过的笔迹。他对我说:'这样重要的会议,不可能给你很长时间,你必须准备好一个详细的提纲和幻灯片。结合片子,把每个主要的观点讲清楚。主要观点我都替你勾出来了。'就这样,他和我仔细地讨论了两个多小时,拟定了详细的汇报提纲。他还对我说,一个优秀的科技工作者就是要既能埋头搞好科研,又能撰写高水平的论文,还能作精彩的演讲。在大连会议上,当我用20分钟作完报告,会场上响起了热烈的掌声。看到院里参加会议的两位老总的脸上也露出了笑容,我知道自己的报告成功了。那一瞬间,我的心中深深地涌起了对千里之外的王院长的崇敬之情。"

在科学研究中,王启民那种严谨求实的态度、百折不挠的精神,对青年人的影响是很大的。在他们中间,广泛流传着王启民12次试验"救活"一口油井的故事:

那是中区西部4排11井。这口井原来产量很高,但由于地下含水层的侵扰,油井含水率高达95%以上。每天从地下采出的100多吨液量中只有5吨是油,井口里流出来的几乎全是淡黄色的水。王启民经过对地下资料的分析研究,认为这口井很有潜力,如果能治理好这口井,对整个油田控制高含水井、实现稳产具有重要的意义。于是,他亲自带领一个试验小组住在了试验现场。晚上,他和试验组同志分析资料,设计施工方案;白天,和工人们一起上井施工。每次施工,他和作业工人们都要取下近千米的油管,不仅劳动强度大,而且弄得满身泥水,大家都疲惫不堪。

由于地下情况十分复杂,王启民他们在荒原井场上蹲了两个多月,做了10多次方案,可一次次都失败了。有的工人对王启民说:"折腾这么多遍了,也没见多出油,还折腾啥劲呀。"就连试验组的个别同志也感到希望不大了。因为长时间的辛苦工作,王启民两眼布满了血丝,但他仍然很乐观。他对大家说:"油就在地下,但宝库的大门是关着的。只要我们坚持下去,一扇门一扇门地敲,终究会有一扇门被打开的。"

为了查找试验失败的原因,采取有针对性的技术措施,王启民他们又重新对这口井上百个油层和周围十几口油水井的连通关系进行分析,最终找到了没有水淹的层段,再次准备了施工方案。当作业工人们第十二次取下油管,打开阀门后,油井里呼呼涌出的水竟变成了又黑又稠的油,工人们都激动起来。王启民和试验组同志的眼睛也湿润了。经过测试,这口井日产竟达到108吨。

王启民不但在工作上是令人尊敬的院长,在生活上更是年轻科技人员的良师益友。他在群众之中,为人谦和,没有任何架子,群众有疾苦也愿意向他倾诉。一位科研骨干的爱人长期跑通勤,要求往院里调,专业也对口,只是偶尔和王启民提过,他就挂在了心上,来回跑了不下20趟,一直到把事情办妥。个别年轻技术骨干思想有包袱,要调离研究院,他也总是耐心细致地做思想工作,让他们又愉快地投身研究工作中。

他对年轻同志的扶持、培养已经达到了耳提面命的程度。他常说:"青年人成长的最好方法,是给他们压担子,一次不行,再来一次,总会有行的时候。"

大庆油田勘探开发研究院海外石油研究评价中心的党支部书记陈宝庆,1983年大学毕业后就分配到院里,给王启民当助理工程师。王启民当时正在搞表外储层开采技术的研发,因为搞这项实验,引发的争议很大,所以实验小组的压力很大。王启民也显得尤其紧张,总是待在实验现场,随时了解情况、掌握进展。当时实验环境很艰苦,实验现场只有两个人,要4小时轮一班,王启民就时刻待在现场,不离不弃。

在给陈宝庆他们开会的时候,他滔滔不绝,教育年轻人必须具备"三子":脑瓜子、笔杆子、嘴巴子。脑瓜子要能灵活动用,懂得联想,懂得创新;笔杆子要能写,能记录,把许多东西都记录下来,便于研究,实验报告也要求写得精确,写得细致;嘴巴子当然还要能说,要把所看所想都在口头表达出来,让别人理解我们的观念,同时也便于沟通。

于是,每次开会都更像是王启民给年轻人上的指导课,告诉他们在工作中应该掌握哪些原则,如何在工作过程中取得进步。

一位名叫冯效树的工程师讲到王启民,也是感慨万千。他只有初中文化,和王启民共事的时候还是个工人,在中西部参与实验时和王启民同住一个帐篷,一起住了3年多。他看到王启民每天晚上都在读资料、搞设计,天天如此。因为每天都工作得比较晚,王启民怕影响别人睡觉,就用报纸把灯泡包起来。王启民也经常在帐篷里走来走去,有时候突然从床铺里爬起来,急急地写点什么。当时没人能理解他究竟脑子里在想些什么,但王启民"神经质"的工作作风让人印象尤为深刻。

1996年8月26日,是王启民正式在勘探开发研究院当院长的第一天。

上午刚开完会,室里一位年轻的专题组组长、技术骨干就找到他,要求调离研究院。王启民竭力平复心中的诧异,问小伙子怎么了。

小伙子便坐下来,一五一十地跟王启民讲了。原来是几年前为了一点小事,他被相关的领导误解,原本被评上的先进又临时取消,这让小伙子有些想不开了,所以要求调走。管理局有关部门和一家二级单位已表示同意接受他,所以他来找院长,提出调动,讲得非常直率:

"王院长，我不是给您找麻烦，实在是觉得心里憋屈。怎么能抓住人家的小辫子不放呢？当时的情况并没有找我核实，就武断地定了性，评个先进也给拿掉了，我在研究院没法待了。"

王启民听后也很急，眼下正是用人之际，无论如何也不能让人才流失掉。他忙给小伙子倒了杯茶，便打开话匣，开始"洗脑"工作：

"年轻人不要被眼前的现象所左右，至少我对你没有坏印象，更希望你能留下来，搞科研在研究院干肯定大有希望。你到基层去搞技术管理，虽然也是研究技术问题，但科研的浓度肯定不够，久而久之，你的才华就得不到充分施展，那样就太可惜了。留下来吧，为了研究院的前途，我有责任不放像你这样的科研骨干。留下来，你不仅可以在业务上很快提高，而且只要你肯干，是不会被埋没的。工作上有什么困难，你可以随时来找我。"

一番推心置腹的话，驱散了小伙子心头的阴霾。他知道眼前这位新上任的院长从前就是搞科研工作的，一直以来都很关心年轻人的成长，所以听他的表白，字字贴心，哪还有走人的道理？于是小伙子打消了调动的念头，留在研究院继续发挥自己的长处。

提拔和帮助年轻后辈，王启民总是义不容辞。他自己也是从一名实习生做起的。当时被分配到葡4井工作，葡4井位于水泡子边上的涝洼地，为了取好资料、管好井，他不顾夏天蚊虫叮咬、野狼出没，和工人们一起吃在井上、住在井上、干在井上，什么样的苦日子都经过。所以他尤其能体会年轻人的处境，知道怎么做才是对他们最大的鼓励。

回顾那些"闯将"岁月，王启民说：

"不仅从别人的框里闯出来，还创出自己的路，这条新路就是自主创新。而做到这一点，必须要勇担责任。'铁人'王进喜有创业精神，不怕艰苦，因为他有着很强的责任心。要创新，必须有高度的责任心。眼下，我们的责任心体现在哪儿？就是尽最大努力做好本职工作，在途中积累经验和知识，见贤思齐。我读过'海上铁人'郝振山的事迹，他在钻井平台上向外国人学习技术，后来通过自己的努力令外国人竖起大拇指，难能可贵。"

王启民还经常用美国影星杰夫·布里吉斯的故事激励自己，提醒自己随时保持一颗年轻的心。

杰夫·布里吉斯仅4个月大的时候，便躺在妈妈的怀抱里完成了自己的电影处子秀。多年后，他真的成了一名演员，对演艺事业非常热爱，只想好好出演每一出戏，有朝一日成为奥斯卡影帝。为了这个目标，他从襁褓奋斗至今，出演作品无数，成为奥斯卡历史上被提名的常客，但每次都抱憾而归。50 岁那年,有人劝他考虑退休,他说:"你们不知道,其实我才 25 岁,绝对可以坚持!"2010 年,已是 61 岁"高龄"的他,凭借在影片《疯狂的心》中扮演的一名乡村歌手,勇夺奥斯卡最佳男主角的殊荣,心愿终于达成!

这份近乎疯狂的执著,源于杰夫对事业的热爱。大庆精神、铁人精神也有这么一股子"疯狂"。

在 2010 年的报告会上,王启民说:

"有人劝你不要做,告诉你这件事做不成,你还是会坚持。对于创新而言,这种'疯狂'尤其重要。去年,大庆油田已满 50 周岁。现在这个阶段,大多数油井含水量都很高,如果持续下去,今后的油田开发怎么做到可持续发展呢?任务来了!要可持续发展,就要自主创新,就要突破旧有观念,找到新的出路。有的井快关了,我们要想办法让它再晚关几年;有的井死了,我们要想办法让它活回来。今年,中国海油实现了 5000 万吨,严格意义上说,已经超过了大庆油田现今的产量,我们很高兴,因为这是整个中国石油工业的骄傲。但如何实现可持续发展,是陆地、海上都需要思考的问题。而今,我已年逾古稀,想做成的、正努力做的只有一件事,怎么把死井救活,提高产值。这是我肩头的责任,也是我的热爱所在。为了这份责任与热爱,我愿像杰夫·布里吉斯那样,永葆一颗'疯狂的心'。"

这一番豪言壮语不知鼓舞了多少年轻人,他们也必将受到王启民的启发,怀揣一颗"疯狂的心",投入科研事业中。

王启民也很乐于和同行分享科研感悟。他曾经跟海油的科研人员说过:

"多年来,很多人问我,科研工作者应该如何学习'铁人'、如何体现铁人精神?'铁人'用血肉之躯搅拌泥浆的那一幕,已深深印在国人心中,但这似乎与科研工作的场景相去甚远,何况现今的生产作业水平也已得到极大的改善。我的回答却从未迟疑过,很简单——跳进科学的'泥浆池'。"

王启民的想法是:在知识经济时代,石油工业需要通过自主创新加快产业化进程,为油田的可持续发展提供技术支撑和理念基础。

创新,是科研工作者的信念和使命。

在王启民看来,科学探索是在已有的科研基础上摸索前行,但完成创新要做到前人没做过或是做不到的事情,创造从前没有的"神奇"。

这条路并不好走,可能十有八九会失败,可能一生都鲜有成功的喜悦。

"铁人"这样说过:"宁可少活 20 年,拼命也要拿下大油田!"

搞科研的人,从一开始就要有坐 10 年冷板凳的准备,要懂得失败甚至

"牺牲"的意义所在。当时代不再需要我们用身体来搅拌时,科研工作者仍需纵身跳进这一池"泥浆",坚守信念,无悔付出。这份艰辛,他相信陆地和海上是一样的,更相信这不仅是大庆精神、铁人精神的深刻内涵,也是海油精神的题中之义。

王启民还为石油工业战线上的科研人员做了一些鼓与呼。他举例说:"美国斯坦福大学有位数学老师,为了想明白一个问题埋头钻研了 9 年。9 年里,他没有一项科研成果,甚至没有一篇论文出炉。而他的领导从不过问他的进展,只是一如既往地支持他。九年磨一剑,这位数学老师一朝悟道便解决了世人 300 多年来都不能解决的数学难题。可以说,他是个幸运的人,毕竟他磨出了一把宝剑,可能很多人 18 年、36 年都磨不出来什么。这就是科研的性质,这就是创新的旅程,我们应尽可能创造更好的环境,给予更大的支持。同时,身处浮躁的社会,科研工作者更需要稳健的灵魂,那满身的泥浆可能最初会令人不堪重负,但慢慢地你会爱上它,且一生都不愿离开。"

王启民常说:"大庆的资源是有限的,但科技进步的力量是无限的。"而他又把科技进步的砝码偏向了青年人。出任院长后,他和党政班子一起对研究院科研体制进行了改革,建立了院、所、室、大课题组四级科研管理体系。大批青年科技人员通过大课题组的锻炼,逐步向学科带头人和高级复合型管理人才发展,形成一种阶梯式人才培养体制,使全院青年科研人员的心中燃起奋发向上的火焰。

"我已经老了,但我们的事业永远年轻。"

在王启民的指引下,一批又一批的热血青年前赴后继跳进科学的"泥浆池",接受最神圣的洗礼。

# 事业常青的胜出者

无论是在环境极其艰苦的 20 世纪 60 年代搞培养高产井试验,还是在 70 年代顶着走"白专"道路的压力搞分层开采、接替稳产试验;无论是 80 年代历经挫折搞表外储层开采试验,还是 90 年代从稳油控水试验直至如今主力油层"三次开采"的研究,王启民几乎领衔了大庆的每一次技术革新。他用科技创造了大庆"青春长驻"的奇迹,也用自己的青春践行了回报祖国的誓言。

"祖国培养了我,油田造就了我,我就用一个又一个科技成果反哺深爱的石油事业和祖国母亲。"

从 20 岁出头的学子到两鬓染霜的老者,无论风霜雨雪、春夏秋冬,王启民的生命中始终有着一盏长明的灯。这盏灯在深夜的帐篷里,在凌晨的干打垒里,在他 1996 年担任大庆油田勘探开发研究院院长后,就一直跟着他长明于办公室,有时竟彻夜不灭。灯光下,他或手捧着岩芯神采飞扬地沉浸于白垩纪的地质迷宫中,或翻阅跳跃着油田生命的数据图表,他的生命与地下的油层一起汩汩流动。

正如《人民日报》记者董伟、朱竞若描述的那样:

> 确实,面对弓着腰瘦弱的王启民,你很难把他与大庆的辉煌历史联系在一起。可是,你透过深夜的灯光看着王启民忙个不停的身影,就会觉得正是这星星点点的灯光终于汇成巨大的能量,让世界震惊,让中国骄傲。

这片灯光,支撑着他无数次含笑负重,也感动着身边的人。

## 他像一座岩芯库
### ——科技人员眼中的王启民

大庆油田勘探开发研究院办公室里星星点点的灯光，指引着我们去采访。在三楼开发规划室，年轻的室主任周学民与我们聊了起来。他说："我们室大部分人晚上、星期日都来加班，也没有人提出要加班费，这都是受王院长影响的。有的同志开玩笑说，我们都是王院长带出的'书呆子'，只会工作，不会干别的。"

"他是我们最好的老师。"开发所副所长隋新光说，"我们的许多课题都是在王院长的亲自指导下进行的，可课题完成时，他却不署上自己的名字。他没有架子，一谈起技术问题就滔滔不绝，你不明白的问题就反复给你讲，我们都称他'王师傅'。他也不强求别人一下子接受他的观点，他就依据第一手资料进行精辟分析，以理服人。和他在一起，我们觉得收获特别大，他就像我们研究院里的岩芯库，储存着无数的地质资料和数据，可以随时查阅调用，而且只有奉献，从不要回报。"

他愿意给年轻人压担子，一次不行就两次，终有成功的时候。隋新光说："1994 年，我负责的课题组有两个大题目，又是院外的，又是合作项目。在这种情况下，我就找到王院长，请求减一个课题。王院长说，科研计划是一个连锁的过程，耽误一步就会直接影响生产。我们组就加班加点干了一年，把两个课题都完成了，还分别荣获局科技成果一、二等奖。现在想想，如果没有王院长的'压'，就不会有这样的成果。"

从 1971 年就开始跟他搞试验的原开发一室主任宋永，谈起王启民总有说不完的话。他说："王启民搞科研就有那么一股不要命的劲头。在中区西部试验长达 10 年的时间中，住的是帐篷，吃的是苞米粑碴子。白天一口井一口井地录数据，晚上还开夜车，从没见他请一次病假。他搞试验有一种锲而不舍的精神。试验成功了要好好总结经验，不成功也要把问题搞清楚。在进行表外层开采试验时，头一年两口井的试油效果很好，可当第二年大部分试验井投产后，72% 以上的井均为高含水油井，当时在全油田技术界引起一片哗然，众说纷纭。这时王启民并没有急于下结论，而是带领我们分析试验区出现奇异现象的特点，找出矛盾，并提出解决问题的

办法,终于使高含水油井变成了低含水油井,平均单井日产达到
8吨。"

王启民常说,搞油田开发不能走一步看一步,要有战略思想。
而每一项措施要看得准、决策好,就必须把情况、资料弄清楚。宋
永清楚地记得那是1977年,他们对试验区中5~14井进行堵水挖
清,可试验结果与分析不一致。王启民又重新进行分析,反复试
验,搞清了地下地质情况,终于使该井由含水78%降至42%,产油
量大幅上升。

大庆石油管理局副总工程师、勘探开发研究院总工程师袁庆
峰这样评价王启民:永不疲倦。他说:"这种精神使他在科学的道
路上克服重重困难,攻克了一个又一个难关。在油田开发初期,王
启民和同事们打破了传统的'温和注水'理论,通过试验创立了'六
分四清、分层开采'的油田开发方法,这就是第一次制定油田5000
万吨稳产目标的理论和实践依据,并运用这套技术成功实现了油
田的第一个5年稳产。在80年代的高含水期,他又研究被判为
'死刑'的表外储层,提出了'树根子'理论,为油田增加了7.4亿吨
的地质储量。进入高含水后期,王启民与广大科技人员一起研制
了'稳油控水'调整技术,使油田比原规划多出油610万吨,5年含
水仅上升1.2%,创立了世界同类油田开采的新纪录。可以这么
说,每一项科研成果都凝聚着他艰辛的探索和巨大的牺牲。他那
种献身精神与王进喜'宁可少活20年,拼命也要拿下大油田'的豪
迈气概是一致的。"

王启民的同学、原研究院科协副主席潘景为向我们讲述了
1960年他们一起来大庆实习的情景:"离开北京正是杨柳吐绿、迎
春花盛开的季节,但到萨尔图一下火车,却是风雪交加,莽莽草原。
然而,北大荒的寒冷把王启民冻出了风湿病,却熄不灭他献身石油
事业那颗赤诚的心。"

"当时,他被分到葡萄花油田4号探井做技术员,白天组织大
家在井上取资料,晚上要备课,给全队从部队转业来的工人上地质
课、试油井操作技术课。这期间,他的父亲病故,他是老大,理应回
去料理后事,可井上只有他一个技术员,每天要取20项资料、72
个数据,他只好含泪坚守岗位。这一个王启民所在的试油队被评
为'会战标杆队',他本人被评为'红旗手',这是全校100多个实习

生中唯一获此殊荣的人。"

　　研究院副总工程师杨玉哲说："几十年共事,我深深感到他身上体现了大庆精神和铁人精神,不愧为大庆油田科技干部的杰出代表。他常讲,干工作要经得起子孙后代的检查,我们提供的数据资料要为油田负责一辈子。"

　　他说："王启民'两论'学得好,善于从实际中发现问题,分析矛盾,并找出解决办法。王启民认为,油田开发是连贯性的,各阶段都有各阶段的矛盾。在他主持编写的《大庆油田二次加密调整研究》报告中,就辩证地阐述了水驱开发过程各阶段的主要标志、地下矛盾转化、重点调整对象、主要挖潜措施等。使我们能够以发展观把握油田开发过程,立足今天,预见明天,超前提出油田开发要解决的问题,以及能动地采取有效措施不断延长油田高产稳产的时间。"

　　(武从端、刘中山、元树新,《黑龙江日报》1997 年 4 月 9 日)

# 第八章

在过去的半个世纪里,王启民只做了一件事——躬身大庆油田科技战线。

这件事还占据着他的现在时和将来时。

在他身上,我们读懂了艾青的诗句:

"为什么我的眼里常含泪水?因为我对这片土地爱得深沉……"

其实,在王启民诸多名垂青史的贡献中,留给人们最宝贵的财富,就是爱国。

因为爱得深沉,他"敢笑天下第一流";

因为爱得深沉,他敢闯油田开采"禁区";

因为爱得深沉,他敢几次三番从头再来。

他用一生证明:爱国主义是推动科学发展的巨大力量。

祖国没有埋没他。

1996年,大庆油田党委作出了《关于向"新时期铁人"王启民学习的决定》;

1997年,中国石油天然气总公司党组作出决定,授予王启民"新时期铁人"称号;

同年,江泽民总书记在北京人民大会堂亲切接见了"新时期铁人"王启民;

2009年,王启民当选"100位新中国成立以来感动中国人物"。

"铁人"王进喜影响了几代人。

"新时期铁人"王启民也激励了成千上万的人!

『新时期铁人』感动中国

# "新时期铁人"走向全国

1995 年,王启民获得中国十大科技成果奖、国家科技进步奖、孙越崎科技教育基金能源奖,同年还被评为大庆石油管理局"十佳职工"、中国石油天然气总公司特等劳动模范、全国先进工作者。

"稳油控水"系统工程荣获国家科技进步特等奖,王启民在北京参加颁奖会时,受到江泽民、李鹏、胡锦涛等党和国家领导人的亲切接见。

1996 年 7 月,中国石油天然气总公司副总经理周永康深入油田,检查工作,听取了大庆石油管理局领导回顾大庆油田 36 年的光辉历程,并展望油田未来二次创业的宏伟蓝图。他感慨地说:

"大庆油田一次创业,有以'铁人'王进喜为代表的五面红旗,弘扬了大庆精神、铁人精神。那么,大庆油田二次创业,还是要继承和发扬大庆精神、铁人精神,也得有带头人!王启民就是大庆坚持科技领先、原油生产进入高产稳产阶段后的杰出代表,是大庆广大职工坚持革命精神和科学态度高度统一的典范!王启民同志就是'新时期铁人'!"

周永康一锤定音,给了王启民"新时期铁人"的称号。

回首过去的半个世纪,王启民只做了一件事——躬身大庆油田科技战线。

他先后主持了油田 8 项重大开发试验任务,参加了 40 项科研攻关课题和油田"七五"、"八五"、"九五"开发规划编制研究等工作,共取得 38 项成果。

他的辛勤工作,为大庆油田创造了巨大的经济效益,仅表外储层开发研究成果,就相当于为大庆增加了一个地质储量 7.4 亿吨的大油田,按 2 亿吨的可采储量计算,价值 2000 多亿元,而国家要探明同等储量的石油资源,光勘探费用就需投入 100 多亿元。

他是中共十五大代表,被授予全国优秀共产党员、全国先进工作者等荣誉称号,曾先后获得"全国科技大会奖"、"国家科技进步特等奖"、"国家科技成果特等奖"等 18 项奖励。

如何理解科学技术是第一生产力?

看看王启民就知道了。他的一系列重大科研成果,就像是推动大庆油田高产稳产的一双巨手,以石破天惊的科技力量带给油田一次次崭新的机遇。如果仅将表外储层开发研究成果创造的原油装进铁路油罐车,排列起来,就可以绕地球一周。

1996 年 8 月 27 日,大庆油田党委作出了《关于向"新时期铁人"王启民学习的决定》,并总结了"新时期铁人"的五种精神,即:国家利益高于一切的爱国主义精神;艰苦奋斗、顽强拼搏的创业精神;锲而不舍、敢于攻关的求实精神;兢兢业业、克己奉公的奉献精神;尊重群众、讲求民主的协作精神。

1997 年是王启民被光环笼罩的一年,也是国家对科研事业发展重视有加的一年:

1 月,中国石油天然气总公司党组作出决定,授予王启民"新时期铁人"称号;

1 月 17 日,中国石油天然气总公司工作会议在北京人民大会堂举行,王启民身披大红绶带,坐在大会堂的福建厅里,心情万分激动。下午 3 时,中国石油天然气总公司的领导,将他推荐给共和国最高领导人——总书记江泽民和总理李鹏。

李鹏总理与王启民握手,说:"啊,新时期的'铁人'哪!"

江泽民总书记则拉住王启民的手,关切地问道:"你有脊椎炎? 还有三个字是什么?"

"类风湿。"王启民答道。他没想到总书记会关心他的病情。

总书记摇摇头,说:"还有三个字。"

王启民忙答:"是类风湿在腰上的反映,变成强直性脊椎炎。"

"对,是强直性。要注意身体!"总书记的几句问候令王启民感动万分。日理万机的国家最高领导人不但熟知他的工作情况,还对他的健康如此上心,教人怎能不刻骨铭心!

江总书记还热情洋溢地说道:"大庆现在有了第二代'铁人',就是王启民同志,他是科技人员,是新时期的'铁人'。"

光环接踵而至。

4月25日,全国总工会授予王启民"五一"劳动奖章;

5月24日,香港工会联合会向王启民赠送了写有"钢铁的意志,崇高的品格"的纪念盘;

6月20日,中共中央组织部授予王启民"全国优秀共产党员"称号;

6月24日,中共黑龙江省委授予王启民"优秀共产党员标兵"称号;

9月3日,王启民被全国总工会评为"全心全意依靠职工办企业的优秀企业领导干部";

9月7日,"新时期铁人"王启民作为党的十五大代表启程赴京,大庆石油管理局党委举行隆重欢送仪式;

9月15日上午,党的十五大在梅地亚新闻中心举行记者招待会,王启民、吴金印、李素丽、李安国、徐虎5位新时期劳模英雄成为主角,这是我国历史上首次在党代表大会上请劳模接受中外记者采访。十五大新闻发言人徐光春首推王启民接受采访;

9月18日,王启民在中国共产党第十五届代表大会上当选为中央委员会候补委员;

12月22日,王启民荣获首批"全国优秀科技工作者"称号。

……

1997年给予王启民太多的鼓励与支持,足以令他对将来充满信心,迈向人生新的高峰。

如今的王启民,仿佛手中已执起一把圣剑,可披荆斩棘、所向披靡。

## 先进事迹报告感动全场

　　"杂交水稻之父"袁隆平有一个坚定的信念：通过科技进步，中国完全能解决自己的吃饭问题，中国还能帮助世界人民解决吃饭问题。他说："我的梦想是：我种的杂交水稻像高粱那么高，穗子像扫把那么长，颗粒像花生米那么大，几个朋友就在稻穗下乘凉。我的目标是：不仅要让全国人民吃饱，而且要让全世界人民吃好。"

　　袁老想的是吃饭问题。

　　王启民想的是能源问题。

　　他这辈子就做两个梦，前一个梦是发现大油田，后一个梦是创建百年油田，实现企业百年辉煌。

　　王启民从来没有想过，有朝一日，他会面对那么多双眼睛大声说出自己的梦想。

　　1997 年 4 月 17 日，中共中央宣传部、中国石油天然气总公司、国家经贸委、全国总工会、国家科委、黑龙江省委在北京举行王启民同志先进事迹报告会。上午 9 时整，全场起立，在雄壮的国歌声中，肩佩红色绶带的"新时期铁人"王启民在人民大会堂介绍了他献身科技事业的历程：

　　"各位领导、同志们：1960 年 4 月，我从北京石油学院来到大庆油田实习，在葡 4 井试油队当技术员。葡 4 井坐落在荒原上的一个水泡子旁边。涨水时，人要蹚着没膝深的水上井，水撇下去了，也是一地泥泞。开始没有房子住，我们就在油井旁边盖起了干打垒。早上醒来，身底下的垫子都是湿的。可那时候年轻啊，也不在乎什么，不知不觉地患上了风湿病……"

　　王启民的声音在会场响起，一段段往事拨动着每一位听众的心弦，听到动情处，有的女同志还掏出了手帕。

　　报告团成员大庆石油管理局局长丁贵明,大庆石油管理局高级工程师、王启民同志的爱人陈宝玲,大庆石油管理局勘探开发研究院高级工程师隋新光,也分别从不同角度介绍了王启民的先进事迹。短短一个半小时的报告,先后被30余次热烈的掌声所打断。

　　在当天的报告会上,中宣部副部长徐光春说:在改革开放和发展社会主义市场经济的新形势下,认真学习和宣传王启民同志的先进事迹,是一件具有重大现实意义的事情。我们要通过对王启民同志的宣传,进一步弘扬大庆精神,大力展现新时期科技人员的精神风貌,大力展现新一代大庆人的精神风貌,大力展现石油战线广大职工的精神风貌,大力展现工人阶级队伍的精神风貌,以此激励亿万职工团结拼搏,迎难而上,深化改革,严格管理,依靠科技,不断解放和发展生产力,为顺利实现国家"九五"计划和2010年的远景目标不懈努力。

　　徐光春说,大庆油田在我国国民经济中占有极其特殊的重要地位。当年,大庆人在"铁人"王进喜"宁可少活20年,拼命也要拿下大油田"的豪迈气概的鼓舞下,历尽艰辛,一举拿下大油田,改变了我国依赖"洋油"的贫油状况,为我国经济的发展作出了巨大贡献。今天,面对油田开采难度加大与石油需求量日益增大的矛盾,以王启民同志为代表的新一代大庆人,继承和发展铁人精神,不畏艰难,不怕挫折,敢想敢干,勇攀科技高峰,成功地解决了大庆油田进入中晚期开采以后所面临的诸多技术难题,使油田21年实现高产稳产,保持了青春常在。作为大庆油田二次创业中的杰出代表,作为我国科技人员的光辉典范,王启民同志以铁人精神攻克难关的先进事迹和高尚品质,体现了我们时代需要的精神,值得广大科技人员学习,值得全国人民学习。我们向王启民同志学习,就是要学习他国家利益高于一切的爱国主义精神;学习他艰苦奋斗、顽强拼搏的创业精神;学习他锲而不舍、勇于攻关的进取精神;学习他兢兢业业、克己奉公的奉献精神;学习他尊重群众、发扬民主的团结协作精神。王启民同志的事迹告诉我们,有艰苦创业、顽强拼搏的铁人精神,再加上掌握现代科学技术,并在实践中很好地把两者结合起来,就一定能够创造出不平凡的业绩。在科学技术日新月异的今天,在全面实施党中央、国务院关于科教兴国的战略过程中,各级领导特别是企业党政领导,一定要像大庆油田那样,尊重知识,尊重人才,充分发挥科技人员在搞好国有大中型企业中的作用。各级宣传部门、新闻单位要高度重视科技宣传,满腔热情地颂扬科技人员在经济建设中作出的积极努力,形成有利于推进科技进步、加快经济发展的良好舆论氛围。

中国石油天然气总公司党组书记、总经理周永康在报告会上充分肯定了王启民的工作业绩,他说:

"王启民同志亲身经历了大庆会战,36年来,他是踏着'铁人'王进喜的足迹走过来的。他的成绩和贡献与大庆连续21年的高产稳产紧紧地连在一起。他是陆上石油工业二次创业中英雄群体的杰出代表,是科技工作者的楷模,是坚持革命精神和科学态度高度统一的典范。宣传王启民同志的先进事迹,弘扬他的优秀品质,是我们总公司150多万名石油职工的光荣。大庆油田长期以来,不仅为国家生产了大量的石油,而且创造了宝贵的精神财富。我们坚信,通过开展向王启民同志学习活动,大庆精神、铁人精神必将进一步发扬光大,成为推动我们各项工作的强大精神力量。"

周永康说,当前我们正在开展二次创业。与一次创业相比,工作条件和生活条件已有很大改善,但工作更艰巨,任务更繁重。在油气勘探上,我们要向沙漠、戈壁、沼泽、黄土源和滩海扩展,向更加复杂隐蔽的油气矿藏进军。在油气田开发上,我们要针对高含水和特高含水油田,以及低渗透和稠油油田等复杂开采对象,努力挖掘资源潜力,实现持续稳定发展。在科学技术上,我们要攻克一系列世界级的技术难题,努力攀登世界石油科技的高峰。在生产经营上,要实行两个根本性转变,坚持以效益为中心,面对激烈的市场竞争,在竞争中求生存、求发展。还要走出国门,参与国外石油勘探开发,等等。在这些严峻的挑战面前,我们必须发扬大庆精神、铁人精神,依靠成千上万个像王启民同志这样的干部、工程技术人员和工人,艰苦创业、顽强拼搏,知难而上,开拓创新,克服前进道路上的各种困难,夺取二次创业的新胜利。

报告会后,王启民在接受《中国石油报》记者专访时,十分恳切地说:

"周永康总经理刚才讲到,今后陆上石油工业的发展,工作更艰巨,任务更繁重,所以我们要继续发扬大庆精神、铁人精神,尽力把工作做好。如果对我的宣传能起到一种激励作用,我本人就十分满意了。我将与百万石油职工一起继续发扬一次创业的好传统,共同搞好二次创业。"

在人民大会堂举行的王启民先进事迹报告会非常成功。

第二天,也就是4月18日上午9时整,王启民和他的妻子、同班同学陈宝玲一起回到阔别36年的母校——石油大学。1961年,他们是北京石油学院地质系二班的毕业生。这一天,近2000多名同学用热烈的掌声和真诚的笑脸迎接这位"新时期铁人"的到来,同学们打出了"向新时期铁人学习"、"石油之子——母校欢迎你"的横幅。报告会开始前,石油大学领导宣布授予王启民"杰出校友"称号,这是建校44年来第一次授予的荣誉称号。王启民还被聘为石油大学客席教授。

王启民当年的老师冯增昭和林澄林教授也赶来参加报告会,他们都对王启民给予了高度评价。王启民的同班同学郑富明更是激动地向记者讲述当年的王启民,为王启民的成绩感到骄傲。

学校那个可容纳1800多人的多功能厅,此时已经座无虚席,四周过道上也挤满了闻讯赶来的师生。当王启民走进会场时,师生们全体起立,同唱《我为祖国献石油》,并报以雷鸣般的掌声。

一个半小时后,在王启民与现场师生一起高唱的《我为祖国献石油》歌声中,报告会结束了。但是,同学们并没有散去,而是纷纷拥上主席台,王启民被要求签名的大学生们围得水泄不通。一名95级经济管理系的学生唐鹰冲上前去,让他把名字签在了夹克衫上。唐鹰说:"我觉得这是一个十分难得的机会,听完报告后,我对身边的英雄很佩服,我想把他的名字永远留在心中。"

值得一提的是,在报告团赴校之前的一个月,以王启民为原型的话剧《地质师》在胜利油田上演,石油大学(华东)的数千名学生步行十几公里去观看演出。

杰出校友的思想、事迹和成长历程,对学生们产生了深刻影响。很多同学到场表示:我们要以王启民为榜样,到条件艰苦的西部去开发油田,争取成长为铁人式的科技工作者,把自己的青春年华奉献给祖国的石油工业。

王启民是大学生心目中的真英雄,要追就追这样的"星"。

4月21日晚上7点,王启民同志先进事迹报告团来到北京大学,同样受到了北大近千名师生的热烈欢迎。大家用经久不息的热烈掌声向王启民表达着深深的敬意。

王启民的先进事迹,在青年学生尤其在科技人员中引起强烈反响。

4月22日上午,王启民应邀出席了由团中央、劳动部、国家经贸委组织的全国杰出青年岗位能手颁奖仪式,他为"采油状元"——江汉石油管理局采油女工王明华颁奖。在接受中央电视台记者采访时,王启民说:

"这是一个新老劳模的交接地,青年人接技术班,要接好班就必须提高两个素质:一是思想素质,二是技术素质。我们老同志也要学习年青一代身上的创新精神,继续作出新贡献。"足见他对年轻人是抱有无限期望的。

王启民说这番话是有深意的。早在1993年,当时国家对大庆油田产量提出了更高的要求,人才储备必须要跟上,王启民也是求才若渴。此时一位博士生主动要求来大庆的研究院工作,王启民立刻委托科技发展部的负责人接待了他。这位年轻的博士开门见山地提出了 3 个条件,并称答应了这些条件,他才肯留在这儿工作。

王启民一听便心生反感,想当年他自己来大庆参加会战的时候,可是从来不讲什么条件的,都是先低头把活干好,想着如何去报效祖国。现在的年轻人本事都还没让人家看到,哪有先提条件的? 于是王启民便回说:"这三个条件,前两条可以答应,最后一条需要总公司批准,我们没权答应。"

于是,博士生就这么走了。

王启民后来深感后悔,尤其是发现整个社会对人才的需求都如此急切,老一辈本就应该对年轻人多些关怀,让他们在好的环境中实现自我价值的体现。正是受到这个事件的启发,王启民才产生了要打造自己的"足球队"的想法,他决心要培养自己的"足球明星"。

他认为,搞科研就像踢足球,要想赢球,不但要有好队员,还要有素质高、技术全、过得硬的"足球先生",就是顶尖的领军人物。当时研究院高层人才短缺,学术带头人队伍已经老化,王启民便提出要创造宽松环境,尽快建设一支高学历高层次、知识复合型、结构多元化、年龄跨世纪、技术过得硬、品行靠得住的人才队伍。

为此,王启民感慨道:"有些条件我们一时无法满足,有些却是经过努力就可以做到的。大庆油田的发展,是太需要人才了!"

事实上,王启民对新生力量的提拔与培养有目共睹,他像珍惜宝贵的石油一样珍惜人才。

4 月 22 日下午,王启民又出席了由中宣部、国家科协组织的科学界学习王启民同志先进事迹座谈会。来自科研一线的 15 位专家、学者参加了座谈。大家普遍认为,王启民同志是科研人员学习的榜样和楷模,从他身上不仅看到了"铁人"的顽强拼搏精神,更体现了"科学技术是第一生产力"这一光辉思想。

4 月 24 日上午,全国总工会、国家经贸委联合举办了学习王启民先进事迹报告会。这也是王启民先进事迹报告团在京活动的最后一项内容。

据了解,报告团在京 9 天时间,共作 5 场报告,听众多达 5000 余人。其间还发生了一些有意思的事情。

4 月 18 日,在结束对石油大学的报告后,中国著名相声演员冯巩、牛群采访王启民,前后在太阳岛宾馆待了半个多小时。他们是为 4 月 25 日心连心艺术团在大庆演出做准备的,两位笑星将与王启民合演一个节目。冯巩表演,牛群摄影,三句话找到十个大油田。冯巩还把他的帽子送给了王启民。

对于表演小品,王启民并不陌生。早在1993年,稳油控水初见成效的时候,研究院要欢度春节,各科室都在扎灯笼、写对联、排演文艺节目助兴。开发二室当时排了一出小品,叫《看我神气不神气》,演员都敲定了,除了一个院长的角色。

当时支部书记肖爱莉左思右想,觉得一定要找一位表现欲强烈又风趣活泼的人来担纲。于是肖爱莉决定找王启民谈谈,让他来扮演自己,可她也知道王启民是出了名的大忙人,要逮到他的空可不容易。所以她敲开院长办公室的门时,心情非常忐忑。王启民当时果然还在研究图纸,肖爱莉吞吞吐吐地向王启民发出了邀请:

"王院长啊,我们排了个小品,其中有个院长,有句台词挺有力度的,咱们谁都演不像,如果不像,就必然达不到教育的目的,所以为了让这小品更有说服力吧,大家都一致认为由院长亲自说会更好。王院长,你若能在百忙之中助我们一臂之力,咱们不胜感激呐!"

王启民一听果然来劲,当即痛快答应。

其实小品全长只有5分钟,讲一对恋人在商海大潮的冲击下,价值观产生分歧。姑娘认为金钱重要,小伙子却一心扑在科研事业上。两人的矛盾不断升级,姑娘竭力劝小伙子放下科研下海捞钱,小伙子不同意,姑娘便提出分手。此时需要王启民扮演的院长出面,用铿锵有力的语气教育那姑娘,告诉大伙儿石油事业的重要性。

孰料,剧中的姑娘刚对小伙子说出"搞科研有什么用?下海捞钱才是真本事"时,王启民那根系在石油上的筋瞬间就被挑起来了,他也不管时机是否合适,就几步跨上舞台,手里还拎着装汇报材料的手提包,大声说道:

"谁说没有用?大庆油田长期高产就是最好的证明!"

其实他早就把原来的台词忘到九霄云外去了,顺势就打开了话匣子,讲起了稳油控水,振振有词道:

"没有科技就没有大庆油田!我们大庆油田现在已是稳产17个年头了,党和国家给了我们很高评价。我们虽在稳产上还面临着一些困难,可是只要我们依靠科学技术和铁人精神,就能攻克难关,战胜困难!搞科研,我们感到无比自豪,我们创造的价值和荣誉,绝不是金钱所能衡量的!"

王启民字字铿锵的即兴发挥,把所有人都说得愣在那里,等明白过来才知道是院长入戏过深,顿时台下掌声如雷。

这便是王启民的投入,他确实不会演戏,即便要演,那也是本色演出,最质朴、最发自内心的演出。这样的人物站在任何一个舞台上,都好似站在工作台前,丝毫不会掩饰自己的思想与感情。

拉回到王启民事迹报告团的经历之中。结束石油大学的报告会的次日,王启民一行组织游览西山八大处公园,这让他有了难得的喘息机会,可以欣赏美景,放松心情。没想到各大新闻媒体的及时、大规模报道,已经让"新时期铁人"王启民的光辉形象迅速走进千家万户,他在公园内三次被人认出来。有一位中年男子是地矿部的,认出偶像之后,便要求与他合影,请他签名留地址。还有北京东城区人民政府交道口办事处民政科的6位同志也与王启民不期而遇,其中一位叫王郑英的女同志原来在吉林油田女子钻井队工作,后来调至华北油田,又调回北京。他们与王启民及其爱人陈宝玲愉快地合了影。报告团成员戏称王启民这段遭遇是"新铁人"遇见了"铁姑娘"。

报告团在北京的9天,人们通过多种渠道打听王启民的情况,毫不吝啬对他的赞美。还有人针对王启民的病症,拿出了家里的祖传秘方。

人们感动于王启民震撼心灵的奉献,而王启民感动于人们的热情,几天下来,他的嗓子哑了,签字签得手酸麻了,一直咬牙坚持着。

石油之子
王启民

# 全国新闻界形成宣传强势

　　"新时期铁人"王启民身上敢想、敢干、会干、实干的特质,像磁石一样吸引了全国的新闻宣传工作者。

　　1997 年 3 月 29 日,中宣部组织新华社、《人民日报》、《经济日报》、《工人日报》、《中国青年报》、《中国妇女报》、《科技日报》、《中国石油报》等 11 家首都新闻单位的 26 名记者,赶赴大庆油田采访"新时期铁人"王启民。

　　全国新闻界形成宣传王启民的强势氛围。

　　1 月 12 日,《人民日报》发表评论员文章《新时期铁人赞》。文章说,科学技术是第一生产力。现在是科学革命取得重大进步的年代,科技革命的成果日新月异,越来越有力地改变时代的面貌。但是,科技革命和社会革命是推动历史的两大潮流,只有将两者协调一致,才能最大限度地推动人类历史的发展。王启民同志发扬大庆精神,保持了大庆人胸怀大局、艰苦创业的那么一股劲头,又运用现代科学技术知识推动了大庆油田生产的发展,是新时期的"铁人"。

　　4 月 15 日,《人民日报》头版头条刊登反映"新时期铁人"王启民事迹的通讯《让工业血液长流》,同时在头版显著位置刊发了评论员文章《敬礼! 新时期的"王铁人"》。4 月 16 日、17 日又在头版突出位置进行连续报道。

　　新华社从 4 月 14 日开始推出《科技战线的"铁人"王启民》、《"铁人"家人话"铁人"》、《"铁人"的遗憾》3 篇长篇通讯。

　　《经济日报》4 月 15 日以头版头条位置刊登了通讯《大庆油田的"新铁人"》,并配发评论员文章《喜看"铁人"谱新篇》。文章说,王启民和大庆人身上所体现出来的新时期"铁人"精神,在社会主义现代化建设中具有不朽的价值和永恒的力量。

《光明日报》报道的题目是《"新时期铁人"王启民》,并于 4 月 15 日、16 日、17 日连续刊发 3 篇评论员文章,分别是《优秀知识分子的典型》、《新生产力的开拓者》和《创业者的榜样》。

《工人日报》用头版通版报道了王启民的先进事迹。在评论员文章《第一生产力的明证》中说,从"老铁人"王进喜到"新铁人"王启民,我们看到了两代"铁人"身上共有的胸怀大局、忘我奋斗的崇高精神。如果说,"老铁人"身上的这种崇高精神更多地表现为与天斗、与地斗、与外国势力强加给中华民族的困难斗的吃大苦、流大汗精神的话,在科学技术飞速发展、经济增长更主要地依赖于科技进步贡献率的今天,王启民对我们民族、国家的贡献,更多地表现为他的满腔热血、他的崇高精神全部化成了他的智力,并奉献给了大庆地下的石油储层,使之变成了民族的、国家的宝贵财富。没有王启民的辛劳,大庆油田的开发肯定还要多探索好多年。

《科技日报》从 4 月 15 日开始连续刊登长篇通讯《实践锻造的科技铁人》,还配发了评论员文章《学习王启民为科教兴国作贡献》。文中说,王启民的道路是中国知识分子的道路。他的理想、他的追求、他的精神、他的作风,无不昭示着每一个知识分子、每一个科技工作者在改革开放和现代化建设的新时期,如何树立远大理想、选择人生道路,如何投身于伟大的时代,为祖国为人民贡献聪明才智,去实现人生的价值。

与此同时,《解放军报》、《中国青年报》、《法制日报》等报纸均转登了新华社长篇通讯通稿。中央电视台、中央人民广播电台等传媒均在黄金时间播出了"新时期铁人"王启民的报道。

全国新闻界广泛宣传后,王启民不断接到全国各地的来信,有的寄来治病的偏方,有的寄来中草药,还有的从精神上鼓舞他战胜疾病。这些都让王启民很感动,更加坚定了他为油田事业奉献终身的决心。

# 树高千尺不忘根

"新时期铁人"王启民叫响全国。人们盛赞王启民的精神,感动于王启民的事迹,并由衷感到时代需要"新铁人"。

王启民千里之外的父老乡亲也格外牵挂他,在他的故里掀起了向"新铁人"学习的热潮。

据新华社北京 1997 年 5 月 4 日电:"新时期科技战线的'铁人'王启民投身大庆油田建设 36 年的感人事迹传遍了神州大地,在家乡浙江湖州更引起了巨大反响,一股宣传'铁人'、学习'铁人'的热潮正在当地迅速掀起。"

4 月 15 日,当大庆油田勘探开发研究院院长、教授级高级工程师王启民被誉为科技战线的"铁人"这一信息,通过新闻媒介传到家乡湖州时,引起了强烈反响。当地新闻机构闻讯而动,立即通过电话采访了王启民,并走访了他在湖州的弟弟、妹妹以及王启民母校湖州中学的老师和同学;市委宣传部、湖州日报社先后组织记者赶赴北京及东北大庆油田,报道王启民事迹报告会,采访王启民。

随着新闻媒介对王启民事迹的陆续报道,王启民的铁人精神深深地震撼了家乡人的心灵。4 月 16 日、23 日、24 日,湖州市委宣传部、湖州日报社、湖州市总工会及湖州市科协等先后组织湖州市企业界、科技界、教育界人士畅谈向王启民同志学习的体会。大家表示,要学习王启民的爱国主义精神、创业精神、求实精神、奉献精神以及团结协作精神,在平凡的岗位上兢兢业业,克己奉公,为实现"九五"计划和 2010 年远景目标贡献自己的一份力量。

丝绸是湖州市经济的传统支柱产业,当"铁人"王启民的先进事迹传到丝绸系统后,身处生产一线的科技干部们纷纷表示,要以王启民为榜样,为丝绸行业走出困境作出贡献。当时全系统上下正紧锣密鼓，进行丝绸行业整体性结构调整，为迎接新一轮经济发展作好准备。

4月29日，中共湖州市委发出通知，号召全市广大干部群众深入开展向王启民同志学习，以铁人精神为榜样，进一步落实科教兴市战略，以优异的成绩迎接香港回归和党的十五大的召开。

看了报纸、电视中有关"新时期铁人"王启民的报道，《湖州日报》记者余连祥在深受感动之余，走访了王启民在湖州的老师、同学和弟妹。

"启民是喝苕溪水长大的，小时候吃过不少苦，造就了他坚韧不拔的品质。"

王启民的父亲王惟遂于1951年2月调入湖州中学，任初中语文老师。尽管要担任两三个班级语文课的教学任务，工作繁重，但他还是认真钻研现代汉语语法，创出了用图解法分析词汇成分的新方法。据王启民的中学同学周作新、杜启安回忆，王惟遂教书非常投入，对学生要求严，对自己的儿子王启民要求尤为严格，一旦王启民回答问题欠妥或作文写得不够好，就会作严厉批评。王惟遂常常教育学生要立好大志，勤学知识，努力成为社会主义建设的栋梁之材。

据王启民高中时的物理老师、班主任程庭瑞介绍，王启民性格内向，做得多，说得少。不仅刻苦学习，而且积极锻炼身体，体育顺利达标。他还有很强的集体荣誉感，班里活动从不推辞。

大弟王新民告诉记者："哥哥不贪玩，常常躲在房间里学习，还对小电器产生了浓厚的兴趣，家里那只收音机被他拆拆装装不知折腾了多少回。哥哥很听话，爸爸妈妈叫他干家务活，他总会乖乖地去做。"

王启民于1956年从湖州中学毕业，考入北京石油学院。5年的大学生活，王启民完全靠助学金维持，没有向家里伸手要过一分钱。由于在大庆实习，参加石油会战忙得无法脱身，王启民连父亲去世都没有回家奔丧。王惟遂于1960年撒手西去前，曾写信嘱咐王启民：

"原打算再苦再累也要让你的弟弟妹妹进入大学深造，现在看来，王家只能培养你一个大学生了。启民，你千万要珍惜自己的学习机会，刻苦用功，日后好好报效祖国，为湖州人民争光。"

王启民铭记父亲的遗言，非常珍惜党给他的学习机会，放弃节假日，在知识的海洋中废寝忘食地遨游，从而打下了坚实的基础。

王启民于1961年以优异成绩毕业，去大庆油田报到前曾回湖州探亲。由于父亲病故，大弟放弃了学业，过早地挑起了养家糊口的重任，妹妹也已失学在家。长兄如父,王启民已不再是成天捧着书本的中学生,而是像慈父似地张罗一切,安排妹妹返校读书。

挥泪告别亲人,王启民毅然踏上去大庆的征程。从此之后,母亲沈宗贤每月都能如期收到王启民汇来的 30 元钱,有时还能从汇款单上看到几句简短的附言。逢年过节,母亲总盼不来儿子的身影。游子的拳拳之心,始终用一张张汇款单来表达。慈母的心意化作了过年时邮寄去的大包湖州特产和亲手做的爆鱼。

王启民读大学时就没有节假日,走上工作岗位后更没有节假日了。眼看着人家的子女从天南海北回来探望父母,王启民的母亲无法想象自己的儿子为什么会这么忙,直到她与儿子共同生活了 3 年才明白个中原委。

母亲沈宗贤是 1976 年携病残的女儿去大庆的。母亲发现,她的儿子是她一生中从未见过的工作狂,成天忙于科技攻关,有时一两个月都见不到儿子的身影。

此时,王启民已有了一双儿女,生活并不宽裕。母亲和妹妹吃不惯北方的面食和粗粮,王启民就关照妻子陈宝玲去市场上买高价大米;有时汇钱给大弟,让买了大米托送过来。母亲时时处处体会到儿子的孝心,却很少能见上儿子的面。

母亲进一步懂得了儿子:心中不仅装着亲人,更装着大庆,装着祖国的社会主义建设事业。

妹妹王一民由于骑自行车摔伤而造成严重驼背,对生活前途未免悲观失望。王启民常常对妹妹讲父亲的故事,鼓励妹妹要身残志坚,努力做一个对社会有用的人。当时王启民患有强直性类风湿脊椎炎,但工作起来比健康人着实有劲得多。妹妹看在眼里,记在心里,回湖州后终于在街道办的馄饨店里找了一份工作,还组织了自己的家庭,生养了女儿后,在湖东新村开了一家杂货店,自食其力,日子过得有滋有味。她对记者说:"要不是受了大哥的鼓舞,就不会有我今天的幸福。"

1979 年,当母亲和妹妹南归时,王启民送了一程又一程。此后相隔万水千山,王启民再度用汇款单表达自己的孝心,只是每月汇款单上增加了 20 元。

记者在采访中发现,在王启民的弟妹们身上处处能看到王启民的身影。大弟王新民已从市建筑安装工程总公司退休,又在另一家建筑公司发挥余热。他对记者说:"我大哥以他的病残之躯,还在忘我地报效祖国,我怎么能在家里吃闲饭?"妹妹王一民身体不好,但仍在她的杂货店里忙碌着,显得坚强又充实。二弟王爱民在德清耐火材料厂,工作兢兢业业。三弟王世民夫妇尽管企业效益不好,生活困难,但想到大哥在科技攻关的道路上排除重重困难,觉得眼前的困难算不了什么。

大弟王新民告诉记者,弟妹们每年清明节给父母上坟时,总要代大哥添几锹土。

是啊,大庆油田的第二次创业,也凝聚着一群普普通通湖州人的一番深情!

王启民

# 荣耀跨越了世纪

随着新纪元的到来，王启民身上依然在凝聚着荣誉，更多人注意到了这位低调却又成绩卓著的"新时期铁人"。

就在新世纪起始的第一天，大庆油田有限责任公司正式注册成立。

2000年1月5日，中国石油天然气股份有限公司以石油任字〔2000〕第一号文件，决定组成大庆油田有限责任公司董事会。王启民任董事，并任石油公司总经理助理、副总地质师。这意味着，当时已六十有三的王启民还要奋战在石油工业第一线，对公司各种方案进行审查、批准，并组织实施。

2000年4月29日，在人民大会堂召开的全国劳动模范和先进工作者表彰大会上，大庆油田勘探开发研究院院长冀宝发荣获全国劳动模范称号，王启民也被邀请出席表彰大会。

同年的10月25日、26日两天，王启民接受了美国《华尔街日报》记者李凯的采访。

12月28日，王启民就"新时期展望"的话题，接受了新华通讯社《新华纵横》栏目记者的电视采访。

2002年，王启民荣获"李四光地质科学野外地质工作者奖"。

被采访，对王启民来说并不陌生，曾任新华社国内新闻编辑部副主任、中宣部新闻协调小组组长、新华社总编室副主任，现任新华社总编室主任的刘思扬，于2009年在北京大学进行高校系列讲座的时候，还不忘提及对王启民的印象：

"1997年，我到大庆油田采访被誉为科技战线的'铁人'王启民。我们去之前，这个典型已经在当地报道过。面对中央新闻媒体记者的集体采访，王启民说了这样一句话：谢谢大家，我也要向王启民学习。王启民向王启民学习？开始时我还不太理解，细细品味便感到，他的潜台词是，新闻报道中的王启民是理想化的王启民，我也要向这个王启民学习。王启民的话给我很大震动，我和当时一起采访的新华社黑龙江分社的一位同志商量，一定要单独采访王启民，一定要走进他的内心世界。在单独采访过程中，王启民祖露了很多心声。他说，在事业与家庭不能兼顾时，他选择事业是正确的，但也是痛苦的，比如母亲病危、妻子回老家生产等等，他都没能及时赶回去。在'宁可少活 20 年，拼命也要拿下大油田'的年代，每一个大庆油田的技术骨干遇到这样的事，都不会当逃兵，但选择不等于无情。王启民细细安排，托人照顾妻子，托弟妹照顾母亲，还怀有忙完这两天就回去的心理。

"谈起那些经历，王启民仍怀有深深的遗憾。我们在采写主打通讯《科技战线的"铁人"王启民》时，还采写了《"铁人"家人话"铁人"》、《"铁人"的遗憾》，从不同角度反映了王启民丰富的情感世界。在《"铁人"的遗憾》这篇稿件里，我们用了三个小标题，写出了'铁人'的另一面，包括'我爱人才，却没能完全留住'、'我爱妻子，却没能完全尽责'、'我爱父母，却没能完全尽孝'，结尾写道：抚今追昔，王启民哽咽着说'我不是个孝子'。说完，缓缓地低下头，久久无语。我们觉得，这才是真实的王启民、可信的王启民。

"后来，我们调阅了一些媒体的报道，发现有的媒体只是写出了王启民怎么忘我、怎么攻关。即使写到事业与家庭不能兼顾时，也是很简单，为了在油田，把即将生产的妻子送上车站；为了大油田，把母亲病危的电报揣进口袋，等等。本来一个血肉丰满的人，在一些记者的笔下变得有点不近人情。难怪王启民说要向王启民学习。"

由此可见，王启民对媒体始终报以坦诚的态度，毫不掩饰当时心中的矛盾，也对有些媒体近乎吹捧的干巴巴的报道表示无奈。

在与我们交流的时候，王启民自己就讲过，一个经常上电视媒体或报纸版面的科研人员，肯定不可能再出新成果。但王启民也无法辜负众人对他的期待，许多荣誉逼得他不得不站上舞台，从低调变成高调。

2009 年，7 月为新中国成立 60 周年华诞，中共中央组织部、宣传部等有关部门联合组织开展"100 位为新中国成立作出突出贡献的英雄模范人物和 100 位新中国成立以来感动中国人物"评选活动。中国石油天然气集团公司推荐了王进喜、王启民、秦文贵。9 月 10 日，"双百"人物评选结果在北京揭晓，中国石油三位英模——"铁人"王进喜，"新时期铁人"王启民，当代青年榜样、石油青年楷模秦文贵，同登"双百"榜的"100 位新中国成立以来感动中国人物"。

王启民因此获得了一枚磨盘大的奖章。

《感动中国人物志》的解说词由张维维和梁帅负责编导,立的标题便是:王启民——闯将在此。

这篇感人的解说词从大庆油田的建设开始讲起,道出了王启民半个世纪以来在这片土地上流过的汗与泪、他的事业、他的家庭、他成功的喜悦、他永久的遗憾。末尾还这样说道:

"2009 年 9 月 26 日是大庆油田发现 50 周年,也是王启民 72 岁的生日,他依然在工作岗位上。当年的闯将还是不服老,他说他是'70 后',他要多活 20 年,还要开发大油田。"

片尾打出的字幕是:"意志和智慧,是永不枯竭的高产油田。"

2009 年的这个金秋,对王启民来说是喜忧参半。喜的是如此多的奖项在肯定他的成绩,提醒他多年来的辛劳付出都是值得的;忧的是他这个"70 后"还想再创一把辉煌,成天上电视有些太耽搁他的时间。

9 月 1 日下午 3 时,中央电视台"心连心"艺术团将一台名为"为祖国加油"的豪华演出送到大庆,在铁人广场拉开演出帷幕。油田公司总经理王永春,央视副总编辑、"心连心"艺术团团长朱彤致辞。欢迎仪式上,大庆油田与中央电视台互赠锦旗。整场演出持续了两小时,精彩纷呈,歌声、笑声与掌声融合在了一起。中央电视台著名主持人朱军、董卿、张泽群、朱迅担任主持。演员阵容很强大,张也、汤灿、殷秀梅、毛阿敏、阎维文、李琦、孙悦、李谷一、廖昌永等国内知名艺术家都献上了精彩的演出。表演在宋祖英的《让我们舞起来》的歌声中徐徐落幕。

表演期间有互动环节,节目主持人"考问"王启民:"百年油田的梦想能实现吗?"

王启民用铿锵有力的声音答道:"我坚信,我们的队伍将永远传承大庆精神、铁人精神,永远攻坚克难,不断提升勘探开发科技水平,打好高科技新会战,百年油田一定会实现!"

这个答案令台下掌声雷动。

9 月 14 日,"双百"人物座谈会在北京人民大会堂举行。会前,党和国家领导人胡锦涛、吴邦国、温家宝、贾庆林、李长春、习近平、李克强、贺国强、周永康等接见了与会的全体代表。

座谈会上,李长春指出:

"一个民族、一个国家,要开创一项伟大的事业,必须要有强大的精神力量作支撑。要大力宣传'双百'人物的感人事迹和崇高精神,使爱国奉献成为时代风尚和社会主流,成为凝聚全体人民不断开创中国特色社会主义事业新局面的强大精神力量。"

这番话充分证明了王启民如今赢得的鲜花与掌声背后巨大的精神力量,他的崇高与伟大不仅仅是科研成就,还有那种忘我的工作态度令人肃然起敬。王启民曾经说过:

"祖国培养了我,油田造就了我,我就用一个又一个科技成果反哺深爱的石油事业和祖国母亲。"

他这样讲了,也这样做了。

9月22日上午9时,大庆油田发现50周年庆祝大会在大庆油田体育活动中心隆重举行。中共中央政治局常委、中央书记处书记、国家副主席习近平出席庆祝大会,并作重要讲话;中共中央政治局委员、国务院副总理张德江在大会上宣读国务院贺电,党和国家对大庆油田的重视程度不言而喻。

王启民代表大庆会战老同志发言,他再次信心满满地表态道:

"在此,我代表大庆油田广大干部、职工和科技工作者,向党中央、国务院,向集团公司党组、黑龙江省委省政府郑重承诺,我们石油工人有信心、有决心,更有技术、有能力为国家多找油气、多产油气,不让祖国为石油发愁!"

9月22日晚,王启民又来到北京,接受中华全国总工会举办的"时代领跑者"——新中国成立以来最具影响力劳动模范的颁奖。

晚6点50分,60名"时代领跑者"首先接受中央领导的接见,并合影留念。

7点30分,颁奖盛典于北京会议中心一楼报告厅举行。中共中央政治局委员、中华全国总工会主席王兆国出席盛典并为"领跑者"颁奖,中央电视台转播了颁奖盛况。

王启民拿到"感动中国人物"和"时代领跑者"两个奖项。

沉甸甸的金质奖牌又挂在了他的胸前。

王启民说过,"闯"是由"马"来实现的,要做到这一点,首先必须是千里马,能日行千里,不怕吃苦,勇于奋斗。毕竟创业是艰苦的,不论时空如何转变。早年创业的艰苦可以看得见,而今的艰苦人们往往看不见,尤其是科研工作者,更要像马一样,四只马蹄扎扎实实前进,脚踏实地是马的精神。惟其如此,才能打破旧的框子,完成创新。

如今,王启民依然在扮演多重角色,自己既是奋发图强、不断创新的"千里马",还要做发现人才、提拔人才的"伯乐"。

# 第九章

如果用一句话概括"新时期铁人"王启民,我们选择布鲁诺的名言:

"热爱神圣事物而轻视其他快乐,对自己的生命毫不挂虑。"

对任何人来说,生命不就是一分一秒宝贵的时间构成的吗?

王启民把自己的时间都给了工作,也就是把自己的生命融进了松辽2000多平方公里的大庆油田之中。别人说他满脑子都是油,只有一条缝隙是留给家人的,而他最遗憾的就是造物主给的时间太少。

每次回首,有两件事令他抱憾终身:一件是妻子把孩子生在路上,他没有尽到丈夫和父亲的职责;另一件就是他没有在父母面前尽过孝,连送终都没有赶上。

时间,给了王启民无数的科研成果;

时间,也给王启民留下了无法弥补的遗憾。

虽然"新时期铁人"叫响全国了,但"铁人"并不是铁打的。

"铁人"也是血肉之躯,也是性情中人。

他难忘父母对他的养育之恩,感恩妻子与他的结发之情,也盼望着享受儿女的天伦之乐。

然而,他心底里也有着许多遗憾。

在某个时候,在他内心深处最柔软的那个地方,还是会隐隐作痛。

『铁人』的遗憾

# 对父母未能完全尽孝

王启民的父亲王惟遂曾经这样评价自己的这个儿子：

"启民是一个安静、有条理，更是一个耐心、不知疲倦的孩子。有些墨守成规，但很公正。能听取意见，但要改变他的观点很困难。因为他稳重、靠得住，将来会得到权威人士和领导的信任。哪里有困难，哪里就会有他，但要小心谨慎，不要太抢前，那会招致小人的忌恨。"

父亲的评价与告诫果然字字如金，精确刻画了王启民的人格形态。

事实上，王启民在工作当中也是低调而谨慎，做事从不张扬，但坚持己见，有了想法就千方百计去实践，寻找成功的可能性。

他也确实被人忌恨过，但却总是很虚心地听取反面意见，把它们当成激励自己前进的动力。

可见父亲对王启民的影响之深。

王惟遂腿有残疾，还患有严重的支气管炎。日本入侵之后，生活变得异常艰难。抗战期间，汪伪政权要王惟遂出来替他们服务，爱国之心与民族气节使他当即拒绝同流合污，而是回到家乡的道场山万寿寺，在湖州简易师范学校任教。虽然是个普通的教书匠，但王惟遂从不忘国耻家恨，言传身教，向学生宣传爱国思想。受战乱之苦，王惟遂总是带着一家人不断逃荒，从一个地方逃到另一个地方，后来在德清莫干山落了脚。

那时因为吃穿都成问题，王惟遂又是残疾，走路都很吃力，照顾孩子的重担也就全落在了母亲身上。在王启民的记忆中，父亲常常不在家，因为他要不断地出去找书教，一找到地方就待很长时间，然后不定期地捎些钱回来。倘若有很长一段时间没捎钱回来，王启民一家就会忧心忡忡。在这兵荒马乱的年代，最怕就是父亲出事，其次则是断了收入来源，那样全家就得挨饿。

尽管如此，父亲对孩子的教育依然很严。王启民童年时也跟其他孩子一样顽皮，有一次拿了别人家几块树皮，当时大家都会把树皮晒干后磨成粉，做成团食用。父亲知道孩子"偷"东西了，便带着他去向人家道歉，还让他在扁担上跪了两个多小时。所以王启民有些怕父亲，不过也继承了父亲的刚正不阿。

正当王启民在学业上突飞猛进、努力吸收知识的时候，"三反""五反"运动开始了。王启民一家当时非常不安，因为这是知识分子思想改造的运动，王启民的父亲是老师，自然算是知识分子；王启民再这样学下去，早晚也是知识分子的一员。所以，全家笼罩在恐惧之中。但父亲依然坚持让王启民读完高中，并积极帮助他选择志愿。

可就在王启民上大学的时候，父亲还是不能幸免地被卷入改造运动之中，他整天莫名其妙地被要求作检讨。1957年，王惟遂被打成"右派"，失了业，那时王启民还在大学深造，没有收入，家里于是又陷入困境。

1960年，父亲去逝的电报到了王启民手中，家里的意思很明确，要他马上回家奔丧。可当时政治环境太敏感了，他一个"臭老九"，要回去给打成"右派"的父亲办丧事，实在是没资格向上面开这个口。因为你不论以什么理由请假回家，都有做逃兵的嫌疑；另一方面，他正被油田的会战气氛紧紧吸引。于是王启民只得忍着悲痛，给弟弟写了封信，顺便寄了些钱过去，然后将那份电报藏了起来，在油田上闭口不谈。

在这样令人窒息的大环境里，王启民谨记父亲生前的教诲，夹缝求生，用他的话来讲，就是："这时候，就得讲点生存艺术，第一条就是以井为家，第二条就是把批评当营养品，第三就是尽量把个人的事压下。"

唯有如此的钢铁意志、豁达个性，才能在逆境中站稳脚跟，立于不败之地。

父亲生前时常给王启民灌输的原则是："知之为知之，不知为不知，是知也！致虚极，守静笃。归根曰静，静曰复命。复命曰常，知常曰明。不知常，妄作凶。知常容，容乃公，公乃全，全乃天，天乃道，道乃久，没身不殆。"

这些从经史子集中汲取的人生观，勾起了王启民极深的求知欲。但凡不懂的，他总是千方百计要弄懂，沉浸在知识的海洋，才令他真正感觉活得充实，有价值。

父爱如山，父亲对儿子的深厚爱意，终究成为钉在王启民体内的一根铁脊梁,令他无论何时都不会在意志上被打倒。

高尚的品格与端正的思想,是王惟遂留给儿子最宝贵的人生财富。

父亲过世后,母亲沈宗贤每月都能如期收到王启民汇来的30元钱,而当时王启民的工资也只有50多元。沈宗贤来大庆看过儿子几次,当时王启民将每个月工资中的一半都寄给母亲,所以老人家也知道儿子生活艰难。来大庆的时候,便和儿子儿媳一同吃玉米饼子。陈宝玲为此一直过意不去。后来家境好转,沈宗贤又带上残疾的女儿王一民到大庆看儿子,结果她也只是见到陈宝玲在每天照顾这个家,儿子的身影是基本看不到的。

此时,老母亲深深体会到夫妻同心了。陈宝玲支撑起整个家,令丈夫无后顾之忧,尽管她有时也会抓王启民的差,见他难得回家一次就让他做这做那。王启民表面上总是答应得好好的,可真正做起来就让人头疼了。

一个不问柴米油盐的男人,妻子要他拿着粮本去买面回家招待婆婆和小姑,情况就变得相当复杂了。王启民怀揣粮本出了门,走到半路就折回了办公室,随后一切家事均抛到九霄云外,一头扎进工作的海洋中。

几天以后,妻子翻箱倒柜找了半天都不见那粮本,只好打电话跟老公算账。王启民起初还不承认,因为他忘记了嘛,所以死活说自己不知道粮本在哪儿,可随手往衣袋一摸,才发现罪魁祸首还真是自己。陈宝玲哭笑不得,只得拖着疲惫的身子去买面。

母亲由此见识了儿子、儿媳各自压在身上的重担,立刻意识到怎样才是让这对夫妻减轻负担的最佳方式。她选择离开大庆,与女儿一同回湖州居住。

支持的方式是多种多样的。王启民的母亲远在千里之外的南方时,对这个离开她时间最长的儿子日夜牵挂,不愿他忘记家乡的味道,总是寄些爆鱼之类容易储藏的湖州小吃过来;不想让他在北方挨冻,就亲手翻了件丝棉袄给他,那件棉袄曾一度成为王启民手中的宝。寒冬腊月,他总是将这件棉袄视若珍宝,穿在身上总觉得暖烘烘的,仿佛被母亲的体温围绕。

可惜遭了贼,棉袄被偷去了。后来小偷在齐齐哈尔被抓住,通知王启民去取,他赶了一天的路,结果还是晚了,说是那件棉袄已经被卖掉了。

王启民只得抱着空落落的心情回了家。好几年过去了,这个事情一直是他心底的遗憾。

　　沈宗贤带着女儿从大庆回到湖州之后，这位建立了"丰功伟业"的儿子一直是这位老人的牵挂。每每想起在大庆与儿子一道居住的日子，看着王启民每天早上起床后弯着腰、手撑门框锻炼身体的情景，那份思念便愈发强烈。

　　王启民孝敬父母、关心后代，可是当个人的情感和他的事业发生矛盾的时候，他总是服从事业。毕业这么多年，只回过两趟老家。一次是 1961 年以优异成绩毕业，去大庆油田报到前曾回湖州探亲；另一次是 1989 年他到杭州开会时，顺便回去了一次，在家只待了短短的 3 天。

　　回来后，他对妻子说："咱妈的岁数是大了，这次回去，成天叫我守在她身边，还一个劲地叨自己老了，没几天活头了，叫我们常回去看看她。"

　　王启民记得，他临回来的时候，老母亲说啥也要送到大门口。走出老远了，老人家还站在那里看着他。王启民答应母亲，以后无论多忙，也要回去看看她老人家。

　　谁料到，王启民的承诺还没来得及兑现，81 岁的老母亲得了脑血栓。病重期间，二弟几次来信催他回去。想起父亲去世时未能尽孝的遗憾，他恨不得一下子飞回到母亲身边。只是当时正是稳油控水试验的关键时刻，他实在是一小步都走不开。

　　"我当时想，先把这一段忙过去，到时回家心里也踏实。"王启民把对母亲的思念和牵挂埋在心里，连着发了两份电报，又给家里汇了两次钱，指望着母亲能等他一段时间。

　　上苍没有给王启民弥补的机会。不久，弟弟发来电报，母亲病故了。

　　王启民非常难过。那天晚上，他默默地坐在沙发上，一直到深夜……

　　第二天一早，他又按时上班去了。据王启民的女儿王锦梅回忆，那一阵子父亲非常痛苦，他好几天都没有说话，有时望着窗外流泪。

　　没能回家给母亲送终，王启民当时认定，家人不会再原谅自己。他带着这份痛苦继续埋首于工作，希冀过一些时候再向家乡的兄弟和妹妹赔罪。

　　终于在几年之后，王启民收到了当初对他心存芥蒂的二弟的来信——

　　启民大哥：
　　　　中央电视台《新闻联播》栏目连接几天播出了"新时期的'铁人'——王启民"，我们全家都感到非常激动，真是振奋人心的特大喜讯。接着我们省广播电台接连播出了你的先进事迹，在《湖州广播电视报》上看到了湖州电视台即将启程前往黑龙江省去采访你，真是喜讯频传。今特来信代表全家向你祝贺你在献身石油事业上取得的登峰造极的伟大成就。至今回忆起来，最深刻的便是母亲病危及后来病故，你都没有顾得上回家，说明你心怀石油事业高于一切的事业和为国"添油"的责任心。古人真是说得好，忠孝不能两全，你以事业取得的非凡成就来报答父母的养育之恩，我想父母在天有灵，会为有你这个儿子而感到欣慰的。

写到这里，使我感到不安和羞愧的是 20 多年前……写信跟你争吵……

大哥，原谅这个自幼送掉的二弟吧。泪水不由自主地模糊了我的视线……

你的二弟　顾坚钧（王安民）

1997.4.28

王启民收到这封信，心头浮现的是与母亲一起走过长路将二弟送人的情景……

他们原本有兄弟六人，一个哥哥死了，一个弟弟送人了，在这样困难的环境中，大家都坚强地生活下来。等到幸福像花儿一样开放的日子，所有误解在血浓于水的亲情面前都将被融化。王启民作为一名石油科技工作者，要为祖国加油，让更多的"黑色血液"流淌在祖国母亲的生命血脉之中。这位"不孝子"的大孝之心，足以感天动地！

这封情感滚烫的家书令王启民回忆起第一次回乡探亲的时候，家境已凄凉得很，作为顶梁柱的父亲去世，两个弟弟都辍了学去工厂上班，小妹也因为交不起学费而辍学在家，被生活重担压弯了腰背的老母亲也苍老了许多。

"妈妈……"王启民一见母亲便落下了眼泪。

母亲却笑着说："好孩子，这不都过去了，还有妈顶着。"

王启民心中充满愧疚，哽咽着对母亲说："好在我已经毕业了，马上就可以有工资，我会养活你们的。只要有我在，大家就都有饭吃。"

作为家里唯一的高材生，他暗暗发誓要替母亲挑起这副担子。

"一切都会好起来的，你两个弟弟都已经工作，吃饭肯定不成问题，只要大家都活得好好的。你去的地方听说是大北边，一定很冷吧？"

"是啊，那儿冰天雪地……"王启民察觉了母亲眼中的担忧，忙改口说，

"不过挺好玩,可以堆雪人呢!"

"那就好。你好好工作,家里有妈。"

正因为有这样的父母,才令王启民一路风雨一路歌,全身心投入工作中。

严父慈母,是他人生中最大的财富。

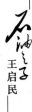

石油之子

王
启
民

# 对妻子未能完全尽责

英国天才的科学家牛顿从小就迷上了书,迷上了宇宙,没有时间修边幅,往往领带不结,袜带不系好,马裤也不扣纽扣。不过,在年轻的时候,他还没有忘记谈情说爱。有一次,他和一位姑娘约会。正在含情脉脉的时刻,牛顿的思想忽然跑到另一个世界去了,满脑子净是些符号、公式,完全忘记了身边的女朋友。他的手抓着女朋友的一个手指,误以为是捅烟斗的捅条,硬往烟斗里塞,痛得姑娘大叫起来。牛顿这才从数学王国里跳出,明白自己犯了一个大错误,赶紧向她道歉说:"啊,亲爱的,饶恕我吧!我知道,这是不行了。看来,我是该一辈子打光棍的。"

后来,牛顿真的终身没有结婚。

和牛顿一样,王启民也是一个为科学"着魔"的人。他整个身心都交给了地下油层,想到入神时,就连老朋友见面都视而不见,熟人打招呼也充耳不闻。他的不拘小节还招来不少误会。

一次,他急匆匆去找一位科室主任讨论工作,正好一位女高工也在场,可王启民好像没有看见这位高工,也听不到对方和他打招呼。女高工气得扭头就走,事后还找到王启民的妻子,臭骂了一顿老王方才解气。

尽管与牛顿一样痴迷科学,但王启民比牛顿要来得幸运,因为他有一位同学兼同事的妻子,很能理解他,不会常常执著于"你爱石油还是爱我"这样的问题。

在油田,王启民妻子陈宝玲的专业是沉积相研究,也曾获得过石油科研一等奖。陈宝玲说:"我是搞静态石油地质研究,他是搞动态石油地质研究;我是探明地质石油储量,他是研究可采石油储量。在工作上,我的课题是他的课题的基础;在家里,我是他的后盾。反正,我总是给他作嫁衣裳的。在科研上,我曾对王启民不服气,后来我发现我远不如他执著和认真,便决定更多地支持王启民。"

做"闯"将之妻,必然也要学会跟着他闯。陈宝玲就是一个很典型的"闯"妻,她放弃在北京相对舒适的工作环境,听从父亲的劝告,跟王启民一道来到大庆。陈宝玲家是书香门第,但父母都是非常开明的人,对王启民也喜爱有加。两人毕业以后,在志向上也有过分歧,但陈宝玲的父亲太了解王启民这位准女婿了,认为他将来必定能干出一番大事业,而成功的男人背后都需要有一位尽责且无私的妻子,个性坚韧直率的陈宝玲必定能守住这个男人,也能在丈夫最需要关怀的时候默默支持他。

此后,陈宝玲的人生路走得真当是既辛劳又甜蜜,这位看上去不怎么合格的丈夫,成为她一生的牵挂。

来到大庆半个世纪,在王启民的日程表上几乎没有节假日,平时家里人都习惯在他缺席的情况下吃饭、收拾、看电视,就连春节,一家人也很难聚在一起吃个团圆饭。

陈宝玲开玩笑地对他说:"你不该姓王,应该姓油。"

他说:"只要有油,我姓啥都行。"

王启民还真是说到做到,一心奔着油去了。结婚后,他总是泡在实验室或油田里,和陈宝玲常常十天半个月见不上一次面。陈宝玲怀女儿时,王启民整天忙着在现场搞试验,直到快生了,才把陈宝玲送上开往北京娘家的火车。当时大庆还没有直通北京的火车,在哈尔滨分手时,陈宝玲心里说不出啥滋味。结果,孩子生在了锦州,也就起名叫"锦梅"。

"王院长的女儿出生那天,正好有极重大的科研活动。"王启民当时的一个副手黄福堂说。当时正是王启民重大科研活动的第一阶段,那时的王启民在副手眼里是少言寡语、沉着冷静的一个人,很能吃苦,且从不叫;一双眼睛总是盯着油层,永远都能看到他在井场做记录,弯着腰从一口井跑到另一口井。这样的工作状态从 1961 年一直保持到了 1970 年。

当然,陈宝玲为丈夫所受的委屈远不止此。

1966 年,"文化大革命"之风刮到了大庆,油田生产遭到严重破坏。那时人人自危,尤其像王启民那样的知识分子,更是谨言慎行,怕他这个"臭老九"一不小心就被揪出来了。可夏天的时候,王启民依然没躲过那一劫,被打成"反革命",关进了牛棚。被批斗的 11 天里,王启民终日提心吊胆,同时也最担心自己会辜负家人,尤其是妻子陈宝玲对自己的期望。想当初她放弃在北京工作,跟着他来到环境最艰苦的北大荒,女儿又小,他这个丈夫如今一来不能照顾她们母女，二来那些凝结心血的科研成果很可能就这样毁于一旦。

未来在王启民眼前一片漆黑。但他一想到新婚时对妻子的承诺，便又添了几分勇气。陈宝玲孤身一人在天寒地冻的时候为自己产下女儿，他又有什么困难挺不过去呢？这样一想，王启民心中又重燃希望之火，一切都能挺过去的。

11 天后，当王启民回到家，陈宝玲依然带着一脸从容的笑意，迎接丈夫归来。

一说到科研环境，王启民时常挂在嘴边的词就是"安静"。

正因为需要安静，他才会连春节都不回家，留下来看资料、分析问题。20 世纪 70 年代的时候，日子依然过得艰苦，陈宝玲只能挖菜窖储存白菜、萝卜、土豆之类的食物，还盖了个仓库房用来堆放粮食。挖菜窖、盖仓房这些重体力活本来都该是男人干的，可陈宝玲家里只有王启民一个男人，还是长年不回家的，加上他身体不太好，驼着腰也不可能干这些活。于是陈宝玲只好硬着头皮，带着女儿自己动手挖菜窖、和泥巴、盖仓房。即便如此，陈宝玲也从没半句怨言。

"儿子上中学时，一条腿瘸了，我以为得了小儿麻痹症，背着儿子到处求医。那个急啊！儿子的病治好了，我的头发也都白了。"

抚今追昔，陈宝玲的视线模糊了："孩子小的时候，启民工作忙，难得回到家，还想着帮我接孩子。他有强直性类风湿脊椎炎，背着孩子走一会儿，腰就弯成了弓，我看着都难受。"

王启民要么不回家，每次回来都是满身疲惫，两眼通红，得躺在床上让陈宝玲为他捶腰、踩背。王启民那时病很重，走路都困难，甚至无法弯腰脱鞋。所以每次回家，陈宝玲都会替他脱下鞋，心疼地询问他的病情，还找了许多治疗方法，想缓解丈夫的痛楚。

王启民虽没有余力做家事，对妻子的关爱也鲜有表露，但有时出差也会给陈宝玲带几件新衣服。当时陈宝玲还奇怪，丈夫又不知道她的身材尺寸，怎么买得好呢？谁知试穿一下，居然也件件合身，而且非常漂亮。可见她的形貌在王启民心里是多么清晰。

轮到陈宝玲为王启民添置衣裳，却是难事。王启民一直都很瘦，去商场买来的衣服给他穿，长短合适，但衣身过宽。不过王启民自己从不计较，不讲究吃穿是他的一大"优点"，但陈宝玲偏偏喜欢拽着他去商场，这样便能试穿，买到合身的衣服。

1984年,研究院给已是副总地质师的王启民调了一套新房子,其实就在同一个地方,只是从原来的7号楼换到19号楼。眼看就要过年,很多人都早早地搬进了新房,王启民却还在为第二个稳产10年而奋斗,根本没时间回来搬家。

陈宝玲这下急了,去跟王启民讲:"都快过年了,你要是没时间搬家,就叫人找几辆车帮我们搬过去算了。"

谁知王启民却摇头道:"都已经年底了,单位里的车子也紧张,大家都忙,怎么好意思麻烦人家?我去借个手推车,咱们自己搬得了。"

陈宝玲听完又好气又好笑,跟他说:"都80年代了,我们还要人拉肩扛呀?在你这儿,光荣传统还真丢不了!"

王启民笑道:"那有什么不好?"说完便去借了辆双轮手推车,利用中午和晚上下班时间搬家。虽然两个地方只相距700多米,可19号楼正好是个上坡,推车还真吃力。就算这样,王启民有时还"溜号",回单位忙工作去了,陈宝玲只好咬着牙自己推车,总算在年前完成了搬家任务。一个女人满头大汗忙里忙外,邻居们起初看着觉得奇怪,后来得知这家的男主人是有名的"油痴"王启民,也就好理解了,明白了这个家庭的特殊性。

英国历史上在位时间最长的维多利亚女王,与她的表兄萨克森—科堡—哥达亲王阿尔伯特结婚,一生育有9个孩子。维多利亚与阿尔伯特的感情非常好。阿尔伯特亲王因为德国人的身份,在皇室的某些圈子里不受欢迎,但他正直、勤勉、热爱家庭,也给了维多利亚许多治国的建议。尤其在外交策略方面,维多利亚非常尊重阿尔伯特的意见。不幸的是,阿尔伯特英年早逝,维多利亚为此伤心欲绝,并长时间隐居,花了3年的时间疗伤,不出现在公众面前。在沉寂多时之后,维多利亚首次在公众面前亮相的装扮令人吃惊,她不施脂粉,不戴王冠,一身纯黑色长裙,俨然寡妇装扮。维多利亚自此没有再嫁,这身丧服一直穿到终老。

所谓的"结发夫妻",就是因为彼此信任,坦诚相待,才能白头偕老,即便有一方先行离去,灵魂也始终相依而行。因此,恩爱的夫妻都不需要多做半句解释,只要心连在一起,时间与空间都不能成为隔阂。

王启民娶到陈宝玲是缘分,更是福气。妻子对家庭的关爱,对自己的关爱,对子女的关爱,仿佛将终日忙碌在外的自己无法承担起的那部分责任都挑起来了。甚至王启民的母亲与妹妹来大庆与他们一起生活,都是陈宝玲负责照顾。儿子从小体弱,也是靠陈宝玲百般呵护。

王启民能安安心心战斗在工作第一线,正是因为后方有陈宝玲帮他承担了太多太多的东西。

陈宝玲说："在启民眼里，每块石头都是有生命的东西。他似乎能看清它们身上的脉络和血液的流向。他这种执著的劲头令我们折服。尽管他将家里的'开门七件事，一推六二五'，家里事大部分都撂给了我，但他如果不是这样，就不可能出这么多成果。我也是知识分子，我理解他。假如他满脑子都是家务事，人家还能称他是'活字典'吗？他自己常说，他天分并不聪明，唯勤奋而已。当初我们在大学时，他学习成绩不见得比我强多少，谁能想到他能出这么大成就！

"启民是我的丈夫，又是我的战友。我们共同经历了几十年的风风雨雨。这其中有携手攀登的艰辛，也有共享成功的喜悦；有牵肠挂肚的惦念，也有阖家团聚的欢乐，而我们之间更多的还是理解。现在启民肩上的担子更重了，我更要一如既往地支持他。"

王启民一家是大庆市多年来的五好家庭，还曾被评为全国的"科技之家"。

新一代的"铁人"之所以能成铁、成钢，并非他一个人便能成就这样的意志，更多的是将其牢牢支撑固定住的那几根支杆，也就是背后的力量。并不仅仅是陈宝玲，王启民的生命中被很多人的热情、期待、赏识、关切包围着。

所谓的"贵人"，在他的生命里无时无刻不存在着，事实上这便是他无论遇到多少困难险阻，都始终能斗志昂扬的原因。

有这样的"后台"的人，往往都无所畏惧。

# 对儿女未能完全尽心

　　熟悉王启民的同事都知道，他最爱跟他们聊的就是自己的小外孙女，即女儿王锦梅与长春地质学院毕业的博士生计秉玉所生的女儿。王启民当时常笑言，说王家是"阴盛阳衰"，家里都是女主人陈宝玲做主，继承他的天赋，后来搞科研工作的依然是女儿。

　　而这位聪明活泼的小外孙女更是王启民的掌上明珠。他老是说外孙女儿英语如何流利。在报考香港科技大学时，过面试这一关，许多成绩优秀的学生都是书呆子，临场交流的表现比较木讷，而这位外孙女继承了东北人大大咧咧的豪爽个性，英语又好，在面试过程中给考官留下了深刻印象，很快便脱颖而出，高分录取，并且年年都拿到奖学金。

　　对此，王启民总是骄傲地分析："香港的大学录用学生是看对方是否有潜质，所以孩子的个性很重要，越是开朗活泼的就越是有潜力可挖，脑子也灵活。我外孙女儿在这方面肯定胜过人家很多。尽管她不会讲粤语，但照样可以用英语跟人家交流啊！"

　　为人父母，总有护犊之心，偏偏王启民却是个实心眼儿。他们的爱子王庆文2岁时因青霉素过敏而休克过，后来又有一次扁桃体发炎没被完全治愈，病毒侵入血液，致使他得了和父亲同样的类风湿。从小体弱多病的儿子自然得到陈宝玲更多的关爱，她尤其心疼他，不敢让他像人家健康孩子那样拼命学习。

　　王庆文的学习成绩很一般，没能考上大学。王启民坚决认为"知识就是力量"，所以必须要帮助儿子完成大学学业，于是自费让他去哈尔滨工业大学，毕业以后分配到大庆油田化学助剂厂当装油工。

　　王启民的儿子居然去当工人？这是谁听了都会觉得不可思议的事情。

王庆文心里自然也不是滋味,所以他几次跟父亲讲,想调去好的单位或者部门工作。

王庆文说:"小时候,爸爸管我们特别少,我们很少见着他。即使在家,他每天晚上吃完饭便去办公室,很晚才回来。有一次我就问他,你为什么不能像别人那样正常上下班呢? 这么没黑夜没白天地干,人家都说你傻啊。我爸爸却回答说,'战士在战场上和敌人交锋,脑子里还能再想别的吗?'从心里说,我也觉得做他这样的人很有意义。然而一到现实生活中就有矛盾。像我和我爱人都就读于哈尔滨工业大学化工工艺与设备专业,毕业后在大庆油田化学助剂厂当工人。我是装油工,她是油泵工。按我爸爸的地位和社会关系,给我们找个好点的工作肯定不成问题。但是不管我们怎么说,他都坚决不给办。而且他能把你的理由一条一条否决。比如我这个工作艰苦,特别是冬天,在油罐上冻惨了。然而我爸说,你还能比一线的钻井工苦吗? 如果你这样的苦都吃不了,你就什么也干不成。你抱怨现在的工作环境不好,为什么不自己想办法搞技术革新改变它? 其实我工作已经很努力了,连续三年的大年三十都没有休息。可一想起来,别的年轻人找到好工作,转了干,我心里就不平衡。"

王启民也知道他的子女都受过不少苦。女儿锦梅生在锦州就不要讲了,儿子也是生下才三天,他就赶去试验现场,让妻子一个人坐月子,吃的是老家寄来的黑芝麻糊和挂面。

工作其实就是王启民的"生活",他甚至没有节假日和上下班的概念,只顾搞他的研究,要么就是开会、出差。儿子长大一点的时候,很想念父亲,因为十几天甚至几个月都看不到他,所以经常到了晚上就去办公室看他。可这位父亲每次跟儿子都说不上两句话,就又开始工作了。儿子只好一声不响地站在父亲身后看着他消瘦的背影。

其实在给儿子选择大学专业的时候,王启民就考虑了很久。当时有两个选择,一是成都地质学院地质系,另一个是哈工大化工系。假如选择石油地质专业,那么毕业后铁定能名正言顺地进入研究院,与父亲一起工作。可姐姐王锦梅已经在研究院采收率室工作了,儿子将来也进院,那不就成了王氏家族的天下了? 王启民觉得这样有"开后门"之嫌,便让儿子去了哈工大。

1991年,王启民被授予黑龙江省特等劳动模范,并被批准享受政府特殊津贴。可同时,儿子王庆文毕业后被分到大庆油田化学助剂厂的火车装车场当装卸工。在助剂厂上班相当辛苦,他本来就有类风湿病,干的又是很脏的活——给运油车装油，虽然体力上没有特别高的要求，但三班倒的作息也绝不轻松。

"你父亲是研究院领导，叫他找找人，换个工作还不是小菜一碟。"架不住同事的劝说，王庆文看着身边有门路的同事都陆续调走了，心里也有点儿堵得慌，于是几次向父亲诉苦。

即便如此，王启民依然拒绝利用自己的身份，动用关系给儿子安排一份"美差"。王庆文心里自然有气，有时回家累得都来不及上床休息，只是四脚朝天地往地上一躺，把母亲急坏了，连忙走上来给他捶脚捶腰。王启民就坐在一旁给儿子讲述他初来大庆时艰苦的工作环境，要他珍惜现在，学会如何对抗逆境。儿子起初自然是有情绪的，继续跟父亲磨，要他给自己调动工作。王启民每次都乐呵呵地"训"道："好好干现在的工作，在哪里干不出头呢？不要去跟别人攀比。你看掏粪工时传祥，后来举世闻名！"

"在我的印象里，爸爸从没发过火，好像提什么要求都能满足，可一遇到具体事，他就变成黑脸包公了。"王庆文笑着说，"工作换不成也就算了，就连配药这样的小事他都不乐意。作为对国家有突出贡献的专业人才，父亲有一个小红本，凭此开药可以实报实销。有一次，我生病了，就和父亲商量，想借他的红本开点药。父亲一听就较真起来：'那是国家给我一个人的待遇，怎么能谁都随便用呢？那样影响不好。'他这个红本不让别人用，他自己也很少用。有个小病小痛的，还让我们替他找药吃。"

父亲坚持原则，可儿子那会儿毕竟才 20 出头，想着自己念过大学，也会外语，成天干着体力活总不是滋味。既然自己说不动父亲，于是就邀了几个要好的同学，趁王启民在家吃饭的时候堵住他，七嘴八舌地做起了"说客"。王启民又好气又好笑，给这些孩子讲了一个故事：

传说有个爱斯基摩家庭，父亲育有三个儿子。他临终前给大儿子留下了一大批冷冻食品，留给二儿子打猎的用具，三儿子则一无所有，除了平常传授给他的打猎技能。老爱斯基摩人去世以后，老大仗着大量的食物存储，认为可高枕无忧，不用为一日三餐奔波，于是懒散度日；老二虽然有打猎工具，但不怎么会用，所以出去觅食非常艰难，时常饥一顿饱一顿；老三看似两手空空，两个哥哥都认为他活不长了。结果一年之后，两个哥哥都活活饿死了，只有拥有打猎技能的老三活了下来。这个故事就教育大家，有真本事才能独立生存，别人帮是帮不了的。

王庆文和同学们终于在王启民滔滔不绝的演说中被成功"洗脑"。

看来，这位父亲果然是"不近人情"哪！哪怕到了现在，每每提及自己的儿子,王启民也总是笑说"他不行",可眼角眉梢的笑意却告诉人们情况不是这样。

王庆文凭着自己的努力,被调到营销部,做起了跑营销的工作,终日和人打交道,锻炼的是沟通技巧,要八面玲珑、随机应变。搞人际关系是王启民的弱项,如今却是儿子的强项。王启民一说到这个就会笑着摇头道:

"他现在做的事情跟我相反,我要安静,他却要热闹,他的活我还真干不来。"看着儿子也在为自己的事业闯荡,其实老人家心里相当欣慰。

"像父亲这样的人,我们从来不敢奢望他能给我们丝毫的'关照'。尤其是我丈夫,要想在工作中取得成绩并被认可,首先得过我父亲这一关。"对于父亲的个性,女儿王锦梅深有体会。锦梅出嫁时,王启民劝导孩子采取旅行结婚的简单方式。锦梅的丈夫计秉玉是研究院的业务尖子,工作上出了不少成果。在晋升高级工程师时,计秉玉被报了上来,可王启民却没有同意,还劝导他们,年轻人要看远些,不一定非挤这班车。

后来,计秉玉考上了北京地质学院博士生。

"大庆油田在父亲心中的分量太重了。"随着年岁的增长,王锦梅已经开始慢慢理解这个不寻常的父亲,"他有时工作太累,加上严重的风湿病,回到家里就不愿动了,我就给他捶捶腰、敲敲背。看着他疲惫的样子,我想,他要是能放下工作轻轻松松地养病,该多好。"

# 第十章

2008 年 7 月 16 日，大庆油田召开高科技新会战誓师大会。

以王启民为代表的"新时期铁人"，向科技要资源，以技术闯市场，以技术谋发展，大庆油田一幅新的历史画卷正在展开。

2009 年 9 月 26 日是大庆油田发现 50 周年纪念日，也是王启民 72 岁的生日。直到今天，年过古稀的他依然奋战在大庆油田的科研一线。

2010 年，大庆油田生产原油 4000 万吨，这已是连续 8 年实现 4000 万吨以上持续稳产，大庆人还向国家做出了"原油 4000 万吨持续稳产保持到 2015 年，新增石油可采储量 2 亿吨"的庄严承诺。

美好的梦想就在前方。

迈上新征程的双脚，如何拥有踏平坎坷的力量？

王启民回答：

"什么时候精神都不能趴下。咬牙挺过来，人生和科研都会出现新天地。"

更多的大庆人回答：

"传递'铁人'的接力棒，以科技创新谱写新篇。"

每个回答，我们都听成了那首熟悉的歌——

"我为祖国献石油"。

它在石油儿女心中被反复吟唱，那么豪迈，那么坚定，代代相传，生生不息……

**我为祖国献石油**

# 二次创业站排头

截至 2010 年 12 月 31 日,大庆油田 2010 年生产原油 4000.03 万吨,天然气 29.90 亿立方米。

至此,在"十一五"期间实现原油 4000 万吨以上持续稳产,"十一五"期间累计生产原油 2.05 亿吨、天然气 137.08 亿立方米,圆满完成国家下达的任务。

这 4000 万吨来得不容易,这是大庆石油积极转变发展方式,克服诸多世界性难题后取得的丰硕成果。

1995 年 9 月 26 日,大庆油田迎来了开发建设 35 周年、年产 5000 万吨原油 20 周年的纪念日。江泽民总书记的题词"发扬大庆精神,搞好二次创业",成为大庆二次创业的进军令。

而二次创业的重头戏仍是"稳产篇"。

江泽民先后两次视察大庆油田。

1990 年 2 月 25～27 日,江泽民来到大庆油田。他首先看望了"铁人"王进喜同志的家属,勉励"铁人"的子女们继承和发扬"铁人"精神,做"铁人"的好后代。先后视察了 23 个基层单位,接见了 400 多名干部和群众。他兴奋地说,这里到处可看到体现了中国工人阶级风貌的大庆精神,这就是为国争光、为民族争气的爱国主义精神,独立自主、自力更生的艰苦创业精神,讲求科学、"三老四严"的求实精神,胸怀全局、为国分忧的奉献精神。并为大庆题词:"发扬大庆精神,自力更生,艰苦奋斗,为建设有中国特色的社会主义而努力!"

10 年后,江泽民再次来到大庆油田,对大庆油田的建设、生产和科技进步给予充分肯定,为大庆油田的发展指明了方向。他说:"我对大庆的未来满怀信心。"

1996 年 7 月，国务院总理李鹏到大庆视察。他深有感触地说："如果大庆不能稳产，就会给国家带来很大困难，我们就得从国外进口原油。"

时任大庆石油管理局局长的丁贵明介绍说："二次创业的重要任务就是做好稳产、发展、改革三篇文章。其中'稳产篇'是基础，王启民就是挂帅做这篇文章的。"

新一代党和国家领导人对大庆油田关怀备至，胡锦涛先后三次到大庆油田视察。

早在 1984 年 8 月，胡锦涛第一次来大庆油田视察，他指出：大庆精神不仅仅是我们 60 年代建设大庆的时候所需要的，也是我们今天建设现代化所需要的。

15 年后的 1996 年 3 月 21 日，胡锦涛在中南海接见大庆油田负责同志时指出：大庆的历史功绩不仅在于为国家生产了大量的石油资源，而且，还在于为国家造就了一支英雄的工人阶级队伍，培养输送了一批领导骨干和科技骨干；不仅在于创造了巨大的物质财富，而且在别人卡我们脖子、国家十分困难的时候，用石油支撑了共和国的经济大厦。还有很重要的一条，就是在大庆油田的开发建设中培育了大庆精神、铁人精神这一宝贵的精神财富。

两年后，胡锦涛亲临大庆抗洪前线和受灾地区，慰问奋战在一线的抗洪军民，看望灾区群众。

温家宝先后四次视察大庆油田，对大庆的可持续发展提出了"立足当前、着眼长远，加强勘探、合理开发，调整结构、多元发展，企地结合、共建和谐"的方针。温家宝说，大庆的可持续发展，关系到国家能源安全和国民经济发展大局，关系到东北地区老工业基地的振兴，具有重大的经济和政治意义。要加强油气勘探和技术创新，实现油气产量持续稳产；加快结构调整，发展接续替代产业；努力增加就业，促进社会和谐。

肩负着全国人民的殷殷期盼，以王启民为代表的"新时期铁人"，把"爱国、创业、求实、奉献"的大庆精神作为"创建百年油田、搞好二次创业"的集体座右铭。通过一系列现代科技手段，大庆主力油田采收率已超过 50%，比国内外同类油田高出 10～15 个百分点；从 1976 年到 2002 年，大庆油田创造了连续 27 年年产原油 5000 万吨以上的纪录，远远高于世界同类油田只有 12 年的水平。

在创造了连续 27 年 5000 万吨以上稳产高产的奇迹后，大庆油田从

2003年步入特高含水期,可采储量采出程度超过了80%,综合含水率已经达到90%。换而言之,从地下采上来10吨液体,其中有9吨是水,只有1吨是油。王启民形象地比喻:"水已经淹没到脖子了。"

大庆油田2003年开始原油产量调减,这一年产出原油4840万吨。按照原定的"十一五"规划,2009年就要递减到3890万吨,到2010年是3800万吨,2020年是3100万吨。

还有人简单地给大庆油田算过一笔账:目前,整个油田剩余的可采储量就4.4亿吨,稳产10年,一年4000万吨,10年后大庆油田就将被采干。

按照世界石油开采惯例,辉煌了半个世纪的大庆油田完全可以"功成身退"了。

可形势却不容大庆退出!

随着经济建设的发展和对石油需求量的快速增长,我国自1993年变为石油净进口国,此后石油进口依存度持续增长,从1993年的6%一路攀升,到2006年超过45%,其后每年都以2个百分点左右的速度向上攀升,2010年达到了53.8%。

有数据表明,2000年我国原油进口达到6885万吨;2001年,进口量进一步加大,接近了一个国家用油总量1/3的经济保障和国防安全的警戒线;2007年,数字扩大到1.97亿吨。

2亿吨,这个曾被预测2020年才能达到的进口量,被提前13年"完成"。一项关于中国未来能源供需的报告显示,到2020年,我国石油消费量将达4.5亿~6.1亿吨,国内可以供应的量却只有1.8亿~2亿吨。

大庆,这片自命名那天起始终与共和国命运休戚与共的土地,再次受到世人的瞩目。

危难之时显身手!

半个世纪前,在苍茫的松辽平原上,一个国家的石油梦想在撼天动地的呐喊中变成现实。

而今,面对保障国家能源战略安全的新使命,大庆人耳边仿佛又响起了王进喜"有条件要上,没有条件创造条件也要上"的豪言壮语。

如果说,以"铁人"王进喜为代表的老一辈石油工人用生命和血汗创造奇迹、改写历史的话,那么,以王启民为代表的"新时期铁人",则把科学和技术当成了续写传奇的有力武器。

面对重重困难,大庆依然提出了打造"百年油田"的目标:2020年以前,原油或者油气当量保持在4000万吨以上;2060年,大庆油田开发建设100

周年之际,本土油气当量保持在 2000 万～2500 万吨,继续在中国的油气供应中保持较大比重。

2004 年,大庆油田正式提出"持续有效发展,创建百年油田"的战略目标;2005 年,创建百年油田的三步走发展构想形成;2006 年,百年油田的阶段性目标进行量化;2007 年,《大庆油田"十一五"及中长期可持续发展规划》正式出炉,对 50 多年后大庆油田的油气生产远景进行有理有据的展望。

气魄宏大,意义重大,大庆人对打造"百年油田"信心满满。而另一方面,面对油田原油产量在下降、开发难度在增大的实际,各种质疑的声音也纷至沓来——

"大庆红旗究竟还能打多久?"

"油尽城衰"、"第二个巴库"将在大庆重现的说法一度引发热议。

作为大庆油田的科技领军人,王启民用铿锵之声回应质疑:

"大庆油田认为,百年油田是有规划、有组织、有步骤,可以实现的。两个关键词就是资源和科技。首先说资源基础,就是得有油气待勘探、待开发;为什么说还有科技这个关键词呢,就是说油气资源是存在的,但没有相应的技术就可能找不到,即使找到了,也不一定能从地下几千米的油藏中采出来。"

有记者继续发问:

"你说的资源正是大家最怀疑的。大庆油田现有资源储备已经不多了,这是一个事实吧?"

王启民对答如流:

"在资源方面,大庆油田认为,从横向看,到 2060 年,松辽盆地北部可以新增探明石油地质储量 20 多亿吨;从纵向看,大庆油田 4000 米以下存在很大的勘探空白领域。另外,现在大庆长垣外围有望探明 17.5 亿吨的资源储量。大庆油田取得了进口俄罗斯原油的经营权,收购了蒙古国塔木察格盆地 3 个石油区块,迈出了大庆油田独立勘探开发海外油田的第一步。一系列数据表明,大庆百年油田规划是有资源保障的。"

王启民反复强调"科技"在百年油田实践中的至高地位。他说:

"科技在油田的体现关键是如何提高采收率。有研究表明,如果大庆油田的采收率提高 1%,就相当于找到了一个玉门油田;如果采收率提高 5%,就相当于找到了一个克拉玛依油田;如果能在室内研究中找到一种采收率提高 10% 的方法,其效应等于放了一颗原子弹……所以,现在我们的目标就是采收率。"

# 开启 4000 万吨新航程

过去的半个世纪，大庆油田已经采出 20 多亿吨原油。

如今油少了，含水高了，难度大了。

可是国家经济战略需要油。

作为中国石油工业的定盘星，大庆油田又一次挺身而出。以王启民为代表的"新时期铁人"，用科技与创新为大庆油田高产稳产提供动力、保驾护航。

2008 年 7 月 16 日，一场剑指实现原油 4000 万吨持续稳产的高科技新会战，在大庆油田拉开帷幕。

这是大庆油田自 20 世纪 60 年代以来发动的第二次油田大会战。

第一次大会战是 1960 年 4 月 29 日，那天在撼天动地的礼炮声和雄壮的《社会主义好》乐曲声中，萨尔图打响了万人誓师大会。

就是这次大会，让这支来自四面八方的石油职工、部队官兵、地方人员组成的会战队伍进一步统一思想、统一步调、统一行动，扭成一股绳、劲往一处使，会后，大庆油田实现 27 年高产稳产 5000 万吨以上，并且孕育了享誉中外的大庆精神、铁人精神，擎起了我国工业战线的一面红旗。

48 年后，大庆油田再现战鼓阵阵、号角声声、誓言铮铮，举行了高科技新会战誓师大会。

这个高科技新会战是什么概念呢？用王启民的话来说：

"就是用高科技夺取新会战的新胜利。它的核心是全面打好油田科技发展攻坚战，千方百计把技术水平搞上去。实现原油 4000 万吨持续稳产是场硬仗、大仗，更是一场持久战，必须要培育特色技术，培养创新人才，要有配套的环境机制做保障。"

大庆油田有限责任公司总经理、大庆石油管理局局长王玉普在会上发表了题为《继承发扬大庆精神　打好高科技新会战　向原油 4000 万吨持续稳产目标进军》的讲话,大庆油田党委书记王永春宣读了《高科技新会战总动员令》。

大庆油田还向 10 个重大科技项目攻关队授了旗。

在重大攻关项目的名单里,年过七旬的王启民名列其中。他负责油田重大攻关项目"新型驱油剂驱油技术"。

王启民说:"油田需要我,国家需要我,我觉得自己还和年轻的时候一样,浑身有用不完的劲。"

高举红旗去战斗,像"铁人"王进喜一样去战斗! 高科技新会战誓师大会凝心聚力成效明显,新时期大庆人勇立潮头,向着"为国分忧,持续稳产四千万"的目标破浪前行。

尽管大庆油田已进入一个艰难的时期,但亲身感受了 2008 年大庆油田高科技新会战誓师大会上的热血沸腾的场面后,每一个大庆石油人都有一种上不愧党、下不负民,为祖国献石油义不容辞的责任感、使命感,浑身上下充满了干劲和信心。

在大庆油田发现 50 周年的庆祝大会上,作为大庆石油会战老同志代表,王启民倾诉了自己的肺腑之言:

"面对我国全面建设小康社会对石油的迫切需要,我们一定牢记胡锦涛总书记视察大庆时对石油工人的殷切期望,大力弘扬超越权威、超越前人、超越自己的'三超'精神,打好新时期高科技新会战,实现原油 4000 万吨持续稳产,继续为国家作出高水平的贡献。在此,我代表大庆油田广大干部、职工和科技工作者,向党中央、国务院,向集团公司党组、黑龙江省委省政府郑重承诺:我们石油工人有信心、有决心,更有技术、有能力为国家多找油气、多产油气,不让祖国为石油发愁! 当年,我们能在极端艰苦的环境中,拿下大油田,甩掉中国贫油落后的帽子;今天,一定能依靠科技的力量,使老油田创出新水平。当年,我们能独立自主开发大油田,并创出世界领先的勘探开发技术;今天,一定能走出大庆、跨出国门,在更宽、更广的领域承担起'我为祖国献石油'的责任和使命。当年,我们依靠大庆精神、铁人精神,使大庆红旗高高飘扬;今天,一定能继承优良传统、传承伟大事业,再创新的辉煌!

"继承发扬'爱国、创业、求实、奉献'的大庆精神、铁人精神,坚定不移地践行着维护国家石油安全的神圣使命,把'大庆油田为祖国加油'的旗帜高高擎起。"

王启民道出了所有新时期石油人的心声。他们是这么想的,更是这么做的。

近几年,围绕"以技术换资源、以技术闯市场、以技术谋发展"的主旨,以王启民为代表的"新时期铁人"凭借艰苦创新,迎战更复杂的地质条件,经过大量细致而艰苦的努力,使聚合物驱油三次采油技术得以突破,聚合物驱油技术在水驱基础上提高采收率 10 个百分点,成为世界上最大的三次采油基地。

2010 年,"十一五"的最后一年,大庆油田原油产量仍达 4000 万吨。这是大庆油田原油生产在连续高产稳产 5000 万吨 27 年后,连续第八年保持4000 万吨持续稳产纪录。并且,大庆人提出 4000 万吨产量要持续稳产至2015 年。

2011 年 1 月 14 日,"大庆油田高含水后期 4000 万吨以上持续稳产高效勘探开发技术"获得国家科技进步特等奖。这是大庆油田第三次获该项殊荣。

…………

科技创新创造大庆稳产奇迹,大庆精神、铁人精神创造稳产奇迹。

事实证明,大庆人以产业报国、勇于担当的豪迈又一次赢得了祖国的喝彩。

# 熬干心血再攻关

"铁人"王进喜曾经不止一次说过:"宁可少活20年,拼命也要拿下大油田。"

王进喜因患胃癌医治无效逝世后,他的战友们沉痛地说:"'铁人'真正是为油田少活20年啊!"

"新时期铁人"王启民也曾不止一次说过:"宁可把心血熬干,也要让油田稳产再高产。"他说过的另一句话是:"一个人生命的价值不在于你拥有了多少,而在于你奉献了多少。"

为了兑现自己的承诺,他与石油约定一生。今年74岁的他,依然佝偻着腰探索着地下油层的奥秘。

近年来,王启民一直在琢磨一件事,那就是想要做到"三超"。而要达到这个目的,就只有"三创"。就算不能"三创",最起码也要做到"二创"。

于是他又将眼光瞄向了三次采油。

三次采油是指在自喷、注水之后,应用聚合物驱油的一种采油工艺。大庆长垣是个很大的注水开采区,采收率为40%。至20世纪末,尚有60%的储量等待开发。当时已有三种聚合物驱油技术:

一种是单体聚合物驱油技术,已走出实验室,达到工业化应用。实践证明可提高采收率10%。

另一种为三元复合驱,即把聚合物、表面活性剂、碱按比例调和,根据不同油层注入不同剂量。实验证明可提高采收率20%。

第三种是多元泡沫驱,应用于油田,在国内外已有30多年的历史,即在三元复合驱之外加注天然气,使表面活性剂发泡。尚在试用,可望提高采收率30%。

这三种驱油技术在当时被视为最新的三项采油技术。

为保证聚合物驱油的总体效果,当时一直采用低矿化度清水配制聚合物溶液。随着聚驱的规模不断扩大,低矿化度清水用量大幅度增加,采出含油污水不能回注,造成大量含油污水外排,极大地浪费了水资源,对环境构成极大威胁。

针对这样的情况,王启民又开动脑筋,试图改造出一种新型的驱油剂,既能自动找油、采油,又能稳油控水。

他的这个设想,很快就被别人断定为"异想天开"。

王启民仔细分析了自己的弱项。他是搞油藏工程的,对于化工专业不是特别在行,不过他可以找个精通的人来与他合作呀!于是走访了油田的化工部门,与一些专家碰了面,但没有人愿意跟他搞合作,他们都认为已经无法超越前面提到的那三项驱油技术。王启民做事有一个原则,就是不与思维固化的人合作。所以他就天南海北地找,后来终于在北京拉到了资金,在上海找到了愿意合作的人。

事实上,王启民提前两年就与这些科研部门及厂家提出要求,加快对超高分子抗盐聚合物新产品的研制,终于在 2001 年研制成功,分子量可达3000 万,有一定抗盐能力。

同年 5 月,王启民亲自主持在喇嘛甸油田开展了清水配注、污水稀释超高分子抗盐聚合物驱油试验。实验表明,这种方法可以达到利用具有一定矿化度的污水配制聚合物的水平。

2003 年推广应用,节省低矿化度清水 2269 万吨,仅清水费用就节省7941 万元。2003 年预计共需超高分子聚合物 25110 吨,若用抗盐聚合物代替,可节省干粉 2511 吨,节约费用 3816 万元。由于抗盐聚合物的应用,聚合物的浓度可以大幅度降低,并具有调、驱的双重作用,油田采出污水也可以充分利用。因此,可以使聚合物驱在进一步提高采收率的同时,较大幅度地降低开采成本。

在一批成熟的聚驱技术得到广泛应用后,一批新的聚驱技术也在加紧研究。

此时的王启民又转向新的挑战,盯上了三元复合驱。他很快便发现了问题:三元中的碱具有很强的腐蚀性,不管是对管壁还是对岩层,都具有明显的腐蚀作用,时间一久,所到之处将会面目全非。

针对这些问题,王启民的想法是找到一种枝接技术,将三种物质捆在一起,让它们既能共同发挥驱油作用,又能收藏起各自的不利因素。王启民后来在报上也看到了同样的信息,英国和德国的某些化学博士都在论文中论述了这种"枝接",而且还对"枝接"进行了可行性论证,但世界上却无研究成功的先例。

既然没有研究成功过,那就可以来个"首创",而且是"独创"。

于是王启民决心来个彻底革命,找人与他一起让"枝接"变成现实。

当时北京恒聚厂正生产高分子聚合物,主创人员张蕊对聚合物研制颇有独到见解,同时她还是中国石油天然气总公司规划院牛亚彬教授的高才生。王启民当即找到了她,向她说明了想法,想让她对三元驱油剂进行重造,将高分子作为骨架载体,优选多种活性功能团为侧基,使用嵌段接枝,搞出一种新型驱油剂。

张蕊进行了尝试,实验效果果然非常神奇。她将试验效果拿给导师牛亚彬看,导师也惊叹不已。后来送中国科学院权威人士鉴定,专家们同样是啧啧称奇。

这种 FPS－m 新型驱油剂研发成功了!

这一新成果果然是属于思路原则、油田首创、产品独创。

美国专家在半个多世纪前提出这样的设想,被一位中国专家给攻克了难题。

王启民正是用这一点,来证实自己"歪打正着,正打不着"的伟大"歪理"。

FPS－m 最关键的特性是,能将原油实现"超低浓度、高效乳化",是化学驱油剂研发中的重大突破。现场采出液,在含水 85%～90% 的条件下,仍然全部为乳液状态,而且稳定性好。现场试验说明,这是三元复合驱根本达不到的。其第二个性质是在驱油过程中存在三个黏度,分别是:结构黏度、界面黏度、乳液黏度。在驱油过程中,这三个黏度各有不同的作用。结构黏度主要解决污水配制和易注入的问题;界面粘度主要起增溶乳化原油的作用;乳液黏度主要起易流动作用。

从室内和现场试验来看,溶液相对稀薄,驱油效果依然良好,这就给节约用料留下了大尺度的空间。这与传统的聚合物驱主要依靠粘度和粘弹性驱油有着本质区别。

FPS－m 的作用巨大,王启民将它归结为"四、三、二、一"十大功能。

"四"是指 FPS－m 具有抗高温、抗高盐、抗生物降解、抗气氛降解"四抗"功能。这四大功能伴生了两大优势:第一,可用油田采出的污水配制溶液,解决了污水回注问题;第二,可用于高温、高盐的油藏地区,可说是

"所向无敌"。

"三"是指能高效乳化、高效洗油、高效调剖。这三大作用使其在驱替过程中,先乳化驱替孔隙中的原油,再清洗吸附在砂岩表面的极性重质油膜,最后吸附在无油的砂岩表面,形成吸附堵水。三者自动有序地进行,真正做到"驱、洗、调"一剂完成。所以,FPS-m能实现高效驱油。

"二"是指具有注入井易注入、采出液易破乳的"两易"功能。两大功能又伴生一大优势:便于现场使用,降低操作成本。

"一"是具有多功能单一组分,为一元化学驱,实质是高分子胶束驱。其多功能、高效率,伴生了多角色的优势,它既可以担当三次采油的主力军,又可以充当聚驱后四次采油的主角。

简单解释起来,便是这种驱剂既环保又节能,使用便利,还可大大提高开采率,将原来在砂岩隙中附着的稠油都拉上来,便于开采。若此项技术大面积投入使用,能使死井复活。那么俄罗斯的巴库、美国的休士顿那大片被放弃的"废井"便可得以重生。

一位年过古稀的老人就是爱这么"瞎折腾",结果一不小心就折腾出了足可让地球再"抖上三抖"的新成果。

投身油田二次创业的王启民,工作起来比一般的小年轻还要生猛。一周要下好几次基地,在油田上找创新灵感,时刻关注开采情况。这样一直凭着旺盛精力"折腾"到了2002年,油田已进入特高含水后期,老油田剩余储量开采难度越来越大,地下剩余油田在平面上高度分散,纵向上交错分布,调整挖潜已需很高成本。

随着油田含水上升和补产能力的减少,产量递减加快,自然递减率由8%增加到13%。外围低渗透油田未动用储量,投入开发越来越难。

这个问题又是王启民提出来的。盛极而衰是每个人都要面对的命运,对油田开采也是一样。早在1999年,王启民已下过决心向总公司汇报石油开采会走"下坡路"的问题,当时的决策者苏树林带着王启民去了中国石油天然气总公司,准备向总经理马富才汇报。下午到了总公司,但总经理有事不在,他们只好到何京秘书的办公室边聊边等。

马富才回来后,说只有5~10分钟的时间可以留。这点时间根本不够,马富才便决定派总公司管生产的罗英俊等人于次日听取汇报。王启民忧心忡忡地将大庆油田产量将下降的"预言"告知了罗英俊,丝毫没有隐瞒,而是站在科学的角度,严谨而客观地论述事实。罗英俊听后非常重视,即刻找出规划本来查,大庆年高产5600万吨的优秀纪录已坚持了20多年,若是产量下降,这空缺又由谁来补呢?

此时王启民又实话实说,建议对已经老化的油田减负。

罗英俊将这些情况如实向总经理作了反映。

马富才表态:老油田要减负,但其他地方也要增产,总产量绝不能减!

任务艰巨,但很有挑战性,这无疑令王启民燃起了无限斗志。他是"闯将"嘛,"闯将"怎能摇头说"不行"呢? 但他本着事实依据,向总公司提出了建议:

"不妨先少减点,怎么也得为我们减减负,缓解一下压力。"

总公司最后决定每年减产 150 万~200 万吨,以后再一点点下调,直至 2008 年才确定为 4000 万吨。

而王启民却依旧放不下肩上的重担,他知道还有更多的项目在等着他,他"敲骨食髓"还远远没有"食"尽。在他的桌上总是放着几本《探索与奥秘》,随便翻一翻便会发现他在许多文章上都画了线,做了注释,尤其是对"偶然发现"之类的字眼是绝不放过。

对王启民这样一直在创造"奇迹"的人来讲,那些"偶然"都意义非凡,是由无数个日日夜夜的奋斗搭建起来的。

中国著名剧作家杨利民在 20 世纪 90 年代编写过一个叫《地质师》的四幕话剧,就是以王启民为生活原型,讲述了 5 个石油地质专业大学毕业生的故事。

该剧把一代知识分子 30 年的命运浓缩在了一个知识分子家庭里。《地质师》曾获文化部最高奖项"文华奖"、中宣部"五个一工程"奖、"曹禺戏剧文学奖"三项大奖。故事从 20 世纪 60 年代一群大学毕业生开始讲起,描述他们从风华正茂到两鬓斑白,将青春与激情都挥洒在了异乡的土地上,并在那里感受友情、亲情和爱情的鼓舞。

剧中的男主角洛明便是王启民的舞台"分身",绰号"骆驼"。他在剧中被问及是否幸福时,一脸淡然地回答:"不就是过日子么?"

可见这个"洛明"从未看重过功名,只将自己作为地质师的人生视为平凡的,应该脚踏实地的。

因此,王启民至今都一直"在路上",一步一个脚印地往前走,从不回头看看之前走过的路是否已经足够长。在他眼里,生命美好而短暂,很多事情似乎都来不及去做,更多梦想还没有实现,所以没时间回头,只能日夜兼程。

# "三超"精神引领"百年油田"

从 20 世纪 60 年代直到今天,在国家的经济生活中,大庆油田一直扮演着"经济巨人"的角色,享有共和国第一大"加油机"的美誉。这儿不仅孕育了王进喜、王启民新老两代"铁人",成千上万学"铁人"、做"铁人"的英模人物更是前赴后继,还涌现出 1205、1202 钻井队等一大批标杆基层队站。其中的 1202 钻井队曾有过赶超前苏联"功勋钻井队"和美国"王牌钻井队"的纪录,被誉为"永不卷刃的钢刀"。

因为采访一个石油人,我们认识了一群石油人。

在大庆,盛传着三元复合驱技术"双子星"的故事。他们是大庆油田勘探开发研究院的两位高级工程师:一个是三次采油学科带头人杨振宇,一个是驱油剂研制首席专家伍晓林。

杨振宇攻破 8 万多个试验点,终于找到适合大庆油田三元复合驱技术的活性剂。而三元复合驱中的"一元",表面活性剂需要进口,费用昂贵。如果靠大规模引进,将永远受制于人。一些专家在考察后说,还是把表面活性剂彻底忘了吧。关键时刻,伍晓林创新团队经过 5600 多次反复试验后,终于在 2001 年 5 月成功研制出中国人自己的表面活性剂,彻底摆脱了大庆油田三采技术对国外的依赖。仅在一个区块的应用,就比进口驱油剂减少投入 1.47 亿元。

这项技术获得 5 项国家专利。

在大庆,"铁人"王进喜带过的队伍——1205 钻井队是一个传奇。当年,王进喜在弥留之际,还以微弱的声音诉说着要为中国人民每人找到半吨原油的愿望;"铁人"的另一个心愿就是要把井打到国外去。

如今,大庆已经为祖国贡献了 20 多亿吨原油,早就超越了为中国人民每人找到半吨原油的念想。"铁人"短暂的 47 年生命没能实现把井打到国外的遗愿,英雄的 1205 队也已经实现了。2009 年 3 月 8 日,远在苏丹的 1205 钻井队获得了苏丹国家石油公司授予的"钻井杯",这是苏丹颁发的钻井施工最高荣誉奖,堪称"钻井金杯"。50 多年来,1205 钻井队先后获得"钢铁钻井队"、"卫星钻井队"、全国"先进基层党组织"、全国"五一劳动奖状"、全国"青年文明号"等一系列殊荣。

还有剩余油研究专家杜庆龙,勇攀高峰的钻井专家张书瑞,油田公司功勋员工赵国忠……在很多很多的石油人身上,我们都找到了"铁人"王进喜艰苦创业和"新时期铁人"王启民艰苦创新的影子。

大庆人清楚,实现"百年油田"的梦想,丢了王进喜的那种拼命狠劲不行,少了王启民的那种探索巧劲也不行。

所以,在大庆人身上,就有了吃苦耐劳和刻苦钻研的完美统一。

曾写下过"闯将"对联的王乃举,也早已实现"敢笑世界第一流"的野心。他长期专注于油田注水开发的油藏工程技术,曾先后获得国家科委技术发明奖、全国科学大会奖和国家科学技术进步特等奖。现任中国石油学会理事,还是美国石油工程师学会(SPE)会员、中国石油大学兼职教授。1987 年被国家科委授予有特殊贡献的中青年科技工作者称号。1985 年大庆油田长期高产稳产注水开发技术获国家科学技术进步特等奖,他也是主要参加者之一。

如今,在实现原油 4000 万吨持续稳产的快车道上,大庆油田正踩紧油门加速前行,"三超"精神是其储备充足的"燃料"。

"三超"精神是大庆油田勘探开发研究院在 20 世纪 80 年代提出来的,是大庆油田科技人员挑战三次采油极限、勇攀高峰的生动写照,是对大庆精神和铁人精神的传承与发展。

其内容为"超越权威,超越前人,超越自我"。

超越权威,就是尊重权威、借鉴权威,不迷信权威,对特定条件下形成的权威论断创新发展,在质疑和挑战中寻求真理。

超越前人,就是学习前人,继承前人,解决前人没有遇到、没有想到、没有解决的矛盾问题,在前人基础上勇闯新路。

超越自我,就是树立正确的世界观、人生观和价值观,挑战自我、突破自我,不断追求更高的目标,在自我完善中砥砺成长。

2009 年 6 月 26 日,胡锦涛总书记在大庆油田勘探开发研究院采收率实验楼考察过程中,高兴地说:

"你们提出的'超越权威、超越前人、超越自我',很有气魄。大庆油田以往的辉煌离不开自主创新;大庆油田今后的可持续发展,同样离不开自主创新。希望同志们继续弘扬这种精神,瞄准更高目标,攻克更多难关,使大庆油田不断焕发新的生机,为确保我国能源安全发挥更大作用。"

胡锦涛总书记的高度评价和殷切期望,使"三超"精神成为新时期大庆油田发展中极具感召意义的精神力量。

事实上,大庆油田的发展史就是一个超越权威、超越前人、超越自我的过程。从李四光打破"中国贫油论",大庆油田"横空出世",宣告中国彻底甩掉"贫油国"帽子开始,到王启民等根据"非均质"理论推进"转移接替"开采方式,历经 7 年研究摸索出开发表外储层技术,突破了低贫油层的开采极限,这一桩桩一件件打败了"中国人自己开发不了大庆油田"的屈辱和"温和均匀注水"、"表外储存没有开采价值"的"洋人理论"。

超越前人,从当年那群"敢笑天下第一流"的毛头小伙子,经过 2000 万次对比,完成了我国第一个独立自主编制的油田开发方案可以看出;从伍晓林将其关于微生物驱油技术的研究毫无保留地传授给徒弟侯兆伟,而后者已成为该领域的技术带头人也可以看出。

超越自我,最明显的事例是 2001 年大庆科技人员向"弱碱"产品发起攻关。在研发的低迷期,管理层给科研人员鼓劲:允许你们失败,但是不允许你们搞不清楚为什么失败。在无数次的失败重来中,最终研制出新型弱碱化三元复合驱技术,在 5 年内,仅主剂一项就节约开发成本 30 亿元。

"三超"精神引领大庆迈向"百年油田",而被视为第一生产力的科技,是大庆油田在不同历史时期高产、稳产的有力保证。

截至 2010 年,大庆油田累计取得科技成果 8900 项,其中国家级成果 120 多项,省部级成果 890 多项,国家专利 2500 多项。

"十一五"以捷报收官。当历史的钟摆指向 2011 年,大庆又用喜报为"十二五"赢得精彩开局:

2011 年第一季度,大庆油田生产原油超过 1000 万吨,达到 1003.5 万吨。

中国石油天然气总公司还抛出了豪言壮语:"十二五"期间,大庆油田将新增石油可采储量 2 亿吨,年产原油 4000 万吨持续稳产保持到 2015 年;同期新增天然气探明储量 2000 亿～3000 亿立方米,实现年产 60 亿立方米。

走进大庆油田勘探开发研究院的大门,"三超"精神赫然立在大厅,来来往往的科研工作者每天都能看到,并铭记在心。

这些为黑亮亮的"金油"而奋斗的人们，或低调，或执著，都在为祖国奉上自己的一份爱。

中国的知识分子便是这样不怕苦、不服输，才撑起一片蔚蓝的天。

美国人将"铁人"二字商业化与夸张化了，包装成了漫画，漫画中的血肉之躯包裹了一套钢铁制成的战服，化身为"钢铁侠"，甚至在2008年改编成了卖座电影《钢铁侠》。

然而"铁人"对中国人来讲，绝对不是胡编乱造的"超能英雄"，更绝非只是一个人名，它是一种精神象征，预示着中国人的钢铁意志一代比一代愈发坚不可摧。

生命是如此美好而短暂，铁的意志却能万世流传！

"三老四严"代代传，"铁人"队伍永向前！

大庆，不愧是一面始终高扬的旗帜！透过这些振奋人心的数字，我们眼前仿佛重现了王进喜、王启民等新"老铁人"们艰难求索的情景，耳旁传来熟悉的旋律——"我为祖国献石油"，它在大庆油田的土地上，在石油儿女的心中被反复吟唱，那么豪迈，那么坚定，代代相传，生生不息……

相信王启民们永远会在心中高唱激昂的战歌，歌声愈唱愈嘹亮，愈传愈遥远：

> 走进沙漠戈壁，
> 走进大草原，
> 跨越巍巍群山，
> 含笑问苍天，
> 鼓起劲儿就累不垮，
> 抬起头就压不弯。
> 我为祖国献青春，
> 不怕流血汗……

# 后记：无法告别

2011年3月25日早上7点半，我们正在酒店总台办理退房手续，一个微驼的身影推门进来。

定睛一看，竟是王启民！

这才想起昨晚在电话里与王老说过，因为是早上的飞机，7点半就要退房出发。

他记得很牢，也非常准时地出现，为的是给我们送行。

这是五天采访时间里我们见上的第三面。

此行本是为他而来，但我们实在跟不上他的脚步，他要么在会场，要么下现场，办公室里经常见不着人。

一位74岁的老人仍担任着大庆油田副总地质师的职务，在常人的想象中，指导一下把把关就行了。可王启民照样天天7点半到岗，依旧风尘仆仆往油井赶，正像他自己说的那样："只要油田还有需要我的工作，我就一如既往。"

怎么会不需要呢？昨晚电视新闻里还在播报：2010年我国进口原油2.39亿吨，同比增长17.5％；进口原油共花费1351亿美元，同比增长51.4％。

自1993年变为石油净进口国，我国这两年的原油对外依存度已经超过50％的警戒线。

如何寻找和保卫自己的石油生命线，是时代留给中国人的一道坎。

而与像野草一般疯长的能源需求相对应的是，我国的原油产量在2009年却出现了几十年来的首次下跌。

人们普遍担心，中国已经开始无力供应更多的"黑金"了吗？

人老了,精力会衰退,这是自然规律;油田老了,产量要削减,这也是自然规律。

王启民当然知道年龄不饶人,但他更深知通过科技和创新,开发了半个世纪的大庆油田还可以再挖潜。于是,他用华罗庚的言语自励:

"村老易空,人老易松,科学之道,戒之以空,戒之以松,我愿一辈子从实以终。"

74岁的王启民希望用自己剩下的不多的时间,换取地下更多的石油。

汽车往大庆机场开去,我们享受着能源带来的速度。实际上,中国这辆经济快车的加速前行,和我们即将离开的这片土地有着莫大的关系。从这儿开采的石油占据着全国石油产量的半壁江山,这种被誉为"黑金"的"工业血液",悄无声息地流淌在每一个国民经济的细微毛孔中,供养着现代文明。

想到这儿,我们不由对这片土地、对身边这个石油人肃然起敬。

路上,王启民和我们讲起自己乖巧的孙女。看到公路两边空地上的杨树林,还感慨说当年那里只是一片荒芜的大平原,他们是如何一面担心狼的袭击,一面摸黑赶路去开小组会议⋯⋯

在这位见证大庆从荒芜平原变成富饶之地的老人眼里,偶尔也掠过一丝遗憾。他喃喃自语:"有些事情我可能等不到了,就是以后开发油田的时候,能有一项技术,简便轻松地看到地下油层的结构,就像拍照一样清楚。我想我也许看不到,但年轻一辈肯定能看到。"

想起作家文乐然著于1998年的纪实文学《走向圣殿》中,有写过他与王启民的一段交往,他们讨论石油、讨论家庭,甚至讨论死亡。记得其中有一段写了文乐然向王启民讲述自己在西藏的所见所闻,我们便问起这位精力充沛的老人为何没有去那片神奇的朝圣之地畅游一番。

王启民只笑说如今年纪大了,怕有高原反应,不敢去。然而刚刚说完,他又喃喃自语似的补上了一句:"看来应该到那儿去一次。"

看来他心中尚有许多理想有待实现,祖国的壮丽河山牵系着他的赤子深情。

王启民并不知道,对他的采访,留给我们印象最深的并不是光耀无比的科学事业,而在于他清纯如水的道德文章。

所以,即便真的有那么一天,他等不到了,看不到了,也不必遗憾,因为他这个"新时期铁人",对于时代和历史进程的意义,也许比技术成果更为珍贵。

每次和王启民在一起,不免想到另一个人——袁隆平。

这位科学家为什么一辈子要潜心研究杂交水稻呢？年轻时，他曾亲眼看到 5 个人饿死，那个场景真叫惨啊！这些都是我们的同类啊，于是袁隆平立志要让全中国人吃饱饭。

王启民也是这样，在北京念大学时看到许多公共汽车顶了个煤气包，看到不少工厂由于缺少汽油、柴油、机油、润滑油而处于停产、半停产状态，他就想着拼了命也要把"贫油国"帽子甩到太平洋里去。

热爱祖国，热爱人民，这是王启民和许多伟大科学家身上共有的东西。这份热爱，解释了为什么几十年如一日的寂寞探索，他能甘之如饴；这份热爱，解释了为什么一辈子如影相随的顽疾，他能视而不见；这份热爱，解释了为什么在 74 岁的高龄，他仍然拼命工作……

每次和王启民在一起，不免看到另一个人——王进喜。

尽管他们一个是手握钻机刹把的钻井工人，一个是执掌科技利剑的高级知识分子，但他们都想着"为国分忧，为民争气"。

对待艰苦创业，"老铁人"说："有条件要上，没有条件创造条件也要上"；"新铁人"说："闯将在此"。

对待无私奉献，"老铁人"说："宁可少活 20 年，拼命也要拿下大油田"；"新铁人"说："宁可把心血熬干，也要让油田稳产再高产"。

早在 50 多年前，有位美国记者一针见血地指出：王进喜式的人物，就是中国前进车轮的动力之源。

而今，"新铁人"接着诞生了。从王进喜到王启民，反映了时代的前进和社会的进步，展示出崭新的风范。但其实，如果你和我们一样到过大庆，就会觉得王进喜并没有走，王启民也不止是一个人。在大庆，除了石油、铁人精神，更有取之不尽、用之不竭的能源，已深深注入当地人的生活中。

到了机场，王启民与我们一同步入大厅，除了送我们之外，他还要询问一下去北京的航班，口中还念叨着："有几个技术问题，必须要去那边跟他们讨论一下。"

创新中遇到问题，探讨、分析、解决问题，对他来讲早已是司空见惯的事。从风华正茂一路走来，他的个性与工作态度从未随着容貌而"衰老"。

眼前这个瘦小的、忙碌的身躯，就是这么豁达而热情地拥抱着生命。

钱学森说过："我姓钱，但我不爱钱。"

想想王启民，他姓王，在他的生命中，确实是科技为王、石油为王，但他的为人更适合用名字中的第三个字——"民"来表述：

他把赤子情怀献给了祖国，把一切用在为人民加油这件事上。

王启民向我们挥手,我们也向他挥手。

别了,大庆!

别了,王启民!

但是,我们内心知道:

纵使时代变迁,大庆精神、铁人精神无法告别;

大庆精神、铁人精神,永不告别。

正如胡锦涛总书记视察大庆时指出的那样——

"大庆精神永远是激励我们不畏艰难、勇往直前的宝贵财富。"

石油之子
王启
民